戦後リベラルの終焉

なぜ左翼は社会を変えられなかったのか

池田信夫
Ikeda Nobuo

PHP新書

はじめに

戦後七十年の歴史を振り返るとき、かつての戦争についてそれぞれの思いを抱くことだろう。ひところは「自虐史観」を否定する人々が物議をかもし、彼らは「歴史修正主義」と呼ばれた。しかしそういうイデオロギー対立から、そろそろ自由になってもいいのではないだろうか。

とりわけ修正主義をたたくことに熱心だった朝日新聞が、二〇一四年八月の慰安婦問題についての特集記事で「自爆」を遂げた事件は、日本のメディアの歴史に残るだろう。それは単にジャーナリズムの問題ではなく、日本人の歴史意識を規定していた一方の極が、みずからの欺瞞《ぎまん》を告白した、まれに見る出来事だった。

慰安婦そのものは、大した問題ではない。私はその発端となった一九九一年の事件から立ち会い、その経緯は『朝日新聞　世紀の大誤報』にも書いたが、第二次世界大戦の戦場に娼婦がいたというだけの話である。しかしこの問題を取材したことは、私にとっても大きな転機だった。

当時、私はNHK大阪放送局で終戦特集の取材をしていたのだが、そこに慰安婦の話を売り込んできたのが福島瑞穂弁護士（現・参議院議員）だった。われわれは日本の戦争犯罪を暴く新しい材料だと思って、その裏付けを取るべく朝鮮半島で取材したが、日本軍が連行したという事実は（男女を問わず）見つからなかった。

それでも労働者を日本の炭鉱などに運んだのが軍の輸送船だったという公文書が見つかり、NHKは「日本軍に責任はある」という番組をつくった。朝日も強制連行の証拠を見つけたわけではないのだが、一九九二年一月に「日本軍が慰安婦に関与した」という記事を一面トップで出し、これが日韓関係のこじれる発端となった。

その後も私は「日本の戦争犯罪」を取材するなかで、それまでの歴史認識に疑問をもつようになった。確かに日本はアジア各地で戦争をして多くの犠牲者を出したが、それは軍国主義者が領土を拡大するための「帝国主義戦争」だったのだろうか。朝鮮半島を植民地支配した歴史はあるが、朝鮮人労働者を「強制連行」した結果、彼らが在日朝鮮人になったというのは本当だろうか。

疑問をもって調べると、現在の歴史学ではこういう事実がほぼ否定されていることがわかる。それはひところ「自虐史観」と「修正主義」の論争になったが、不幸なのは、こうした歴史の見直しを主張したのが昔ながらの右派だったため、これが新たなイデオロギー論争になってしまったことだ。

こうした史実を疑う人々は「右翼」と呼ばれ、左翼よりさらに悪いイメージがついて回る。それは大衆レベルでは暴力団と結びつく、戦争を肯定して対外的な敵対心をあおる人々で、普通の社会では発言の場がないのでネット上の発言が多く、「ネトウヨ」と呼ばれる。

安倍首相は、いまだにそういう右翼的イメージで見られ、海外メディアからも危険視されているが、彼の歴史観はそうおかしなものではない。むしろこの程度の歴史の見直しすら「修正主義」として指弾され、メディアから締め出される現状がゆがんでいるのだ。

ここでいう「リベラル」は本来の自由主義とは違う意味で、主としてアメリカで定着した「大きな政府」を志向する人々をさす。これはヨーロッパでは左翼とは区別されるが、日本では中道左派の人々が左翼という言葉をきらってリベラルと自称するようになった。本書ではこういう日本的な左翼を「戦後リベラル」と呼ぶ。彼らは反戦・平和を至上目的とし、戦争について考えないことが平和を守ることだという錯覚が戦後七十年、続いてきた。

今回の誤報問題は、これを客観的に検証するチャンスである。それはリベラルな人々の主張する「反原発」や「分配の平等」などの固定観念を疑うきっかけともなろう。彼らは戦後の論壇で主流だったが、何も変えることができなかった。全面講和も安保反対も大学解体も、スローガンに終わった。彼らの唯一の（消極的な）成果は、憲法改正を阻止したことだろう。

東大法学部から朝日新聞に至る日本の知的エリートが敗北したのは、なぜだろうか。そこには日本の抱える深い問題がある。本書は戦後の歴史をたどりつつ、歴史を変えることのできなかったリベラルな知識人の挫折の原因をさぐる「敗者の戦後史」である。

参照した資料をすべて列挙すると煩雑になるため、参考になる文献だけを記した。丸山眞男の論文は、すべて『丸山眞男集』に収録されている（敬称略、肩書きは当時、強調は引用者）。

二〇一五年三月

池田信夫

戦後リベラルの終焉

目次

はじめに　3

プロローグ　私が左翼だったころ

東大紛争の戦後　16
全共闘運動の自滅　18

第1章　朝日新聞の挫折

なぜ朝日新聞は自爆したのか　23
木村社長の誤算が招いた大反発　26
大誤報の主役は植村記者ではない　29
左翼的な出世主義　33
「角度をつける」報道　36
「社内野党」が政権を乗っ取った　39
硬直化した人事システム　41

地方紙化する朝日新聞 43

第2章 「平和主義」のユートピア

「平和主義」はほめ言葉ではない 49
ワイドショー化する元官僚 53
集団的自衛権をめぐる過剰報道 56
立憲主義は手段であって目的ではない 58
国民に迎合する政治家と政策立案を行なう官僚 61
集団安全保障は集団的自衛権とは違う 64
日本の保守主義とは何だったのか 66
「和の心」は日本の伝統ではない 69

第3章 メディアが日本を戦争に巻き込んだ

秘密保護法は「スパイ防止法」である 74

役所に寄生して役所を批判する記者クラブ　78
西山記者を見捨てた毎日新聞　80
「空気」を醸成するメディア　83
戦争は新聞の「キラーコンテンツ」　85
「リベラル」が戦争を主導した　89

第4章　メディアがつくった原発の恐怖

吉田調書の奇妙な「過剰謝罪」　95
「プロメテウスの罠」の巧妙な印象操作　98
「汚染水」は本当に危険なのか　101
最大の被害の原因は放射能ではない　103
原発は「ロシアン・ルーレット」か　107

第5章　労働者の地獄への道は善意で舗装されている

日本の問題は階級格差ではない 112
「残業代ゼロ」に反対する工業社会の亡霊 115
非常勤講師を使い捨てる「ブラック大学」 118
正社員の既得権保護が労働者を貧困化する 121
総力戦に協力した社会政策 123

第6章 進歩的文化人の劣化

清水幾太郎の覇権と忘却 128
大江健三郎という病 131
壊れゆく内田樹 134
日本はアメリカの属国か 137
「プロメテウスの火」で人類は安全になった 140

第7章　「オール野党」になった政治

「顧客志向」になったメディアと政治　146
ガラパゴス化した国会　150
万年野党の伝統　153
問題は政権交代ではない　155
過剰な民主政治　158
憲法を超える「空気」　160

第8章　戦後リベラルの栄光と挫折

「悔恨共同体」からの出発　164
全面講和のユートピア　167
「重臣リベラリズム」の限界　172
構造改革派の追放　174

六〇年安保の挫折 178

第9章 左翼はなぜ敗北したのか

全共闘運動というバブル 184
公害反対運動の心情倫理 188
民主党は全共闘運動の負の遺産 190
国家社会主義の遺伝子 193
国家資本主義を補完した温情主義 197

エピローグ 「普通の国」への長い道

保守革命の挫折 202
対米従属という国家戦略 205
小選挙区制は「政治改革」だったのか 207
それでも「小さな政府」は必要だ 210

プロローグ

私が左翼だったころ

東大紛争の戦後

学生時代にマルクス主義から強い影響を受けたのは、私の世代ぐらいまでだろう。私が東京大学の経済学部に入ったのも、「社会を動かしているのは経済的な土台だ」という唯物史観の影響だった。大学に入った一九七三年は、駒場キャンパスに機動隊が入ってバリケードに立てこもっていた学生を排除した翌年だった。

つまり東大紛争の「戦後」だったわけだが、学内にはまだマルクス主義の影響が強く残っていた。キャンパスには党派の立て看板が立ち並び、ヘルメット姿の男がアジテーションをしてビラをまき、あちこちの大学ではまだバリケード封鎖や機動隊の放水などが起こっていた。あのころ学生運動に何も関心がなかったのは、社会的な感受性のない鈍感な学生だけだった。

当時、マルクスは学生の必修科目だったが、その影響は彼の本を読んだかどうかとは関係なく、学生運動の闘士のほとんどは『資本論』も読んでいなかった。むしろマルクスを読まない学生ほど「肉体派」の闘士になる傾向が強かった。（共産党系の）民青（日本民主青年同盟）は頭が悪いというイメージがあり、新左翼は女にもてるという神話もあった。

私が部長をつとめた社会科学研究会というサークルでは、四人が内ゲバ（党派同士の抗争）で殺された。全員が革マル（革命的マルクス主義派）およびその友人だった。社研は東大新人会のころから続く由緒あるサークルで、六〇年安保のときは歴研（歴史学研究会）とともに全学連主流派の拠点だった。

当時は社研と歴研で一〇〇人以上の部員がいたらしいが、私のころは一〇人ぐらいに減っていた。そのうち四人が殺されたわけだから、かなり「打率」は高い。最初に二人が（誤認で）殺されたあとは下宿を引っ越し、友人の家を泊まり歩いた。それでも（大学に届けていない）引っ越し先に中核派（革共同全国委員会）の機関紙が届いた。公衆電話をかけていると、隣でじっと内容を聞いている男がいる、といった状況が一年ぐらい続いた。

社研は伝統的に党派とは無関係なアカデミックなサークルで、私の前の前の部長は吉川洋（現・東大教授）だった。殺された学生も党派と無関係だったが、当時は革マルが駒場を拠点にしていたため、中核派と革労協（革命的労働者協会）にねらわれたのだ。

彼らの共通点は、地方の高校出身で駒場寮に住んでいたことだ。身近に友達がいないので、活動家が近づいて、最初は「ベトナム反戦」のような党派色のない集会に勧誘し、そのうち党派の教典を読ませて洗脳してゆく。

全共闘運動の自滅

今でも記憶に残っているのは、梅田順彦という学生だ。まじめな学生で、サークルに入ってきたときは「経済学部で過渡期経済論をやりたい」といっていた。過渡期経済とは資本主義から社会主義への過渡期のことで、ブハーリンが論じたものだが、当時はまだそんな歴史観が信じられていたのだ。それがしばらくすると、黒田寛一や梯《かけはし》明秀などの革マル派の教祖の本から引用した話を呪文のように繰り返して「中核を打倒することが革命の第一段階だ」などというようになった。

そのうち梅田はサークルに出てこなくなり、生協の前でアジ演説をやり始めた。「こんな所にいたら危ないぞ」といったら、「大丈夫だよ。みんなの見ている前が一番安全なんだ」と笑っていたが、一九七五年十月、衆人環視のなかで数人に取り囲まれて鉄パイプでなぐられた。頭蓋骨骨折で、即死だった。おびただしい血が食堂前まで広がって一帯が立入禁止になった。革労協が犯行声明を出したが、犯人は不明だった。

党派に入って一年もたたない彼が、東大にいなかった革労協に殺されたのは、その直前に静岡で革マルが革労協の活動家を殺害した報復だった。誰でもよかったのだ。しかも大学の構内で白昼に殺人事件が起こり、犯行声明まで出ているのに、警察は家宅捜索もしなかった。

極左運動がこういう分派闘争になることはよくあり、それも本来の敵である国家権力よりも身近の党派への近親憎悪が強くなる。しかし個人テロにまで至ったケースは珍しく、その点では彼らの否定していたスターリンの粛清や毛沢東の文化大革命に似ている。日本では、戦前の共産党のリンチ殺人の伝統だろうか。

中核派は六〇年安保のあとにできた革共同（革命的共産主義者同盟）という組織が革マル派とわかれてできたもので、革マル派が黒田などの理論を重視するのに対して、直接行動を重視する「肉体派」だった。六〇年代後半には、社学同（ブント）・社青同（解放派）とともに「三派全学連」として武装闘争の中心になり、羽田闘争や佐世保闘争などでは大量の逮捕者を出した。

このころはまだ運動のエネルギーが国家権力に向いていたのだが、七〇年代になって新左翼運動が退潮してくると、党派同士で争う「内ゲバ」が増えた。それも最初は集団で衝突すころ、私が大学に入ったころは、殴るなぐり合いで、「頭はねらうな」という暗黙のルールがあったが、私が大学に入ったころからそういうルールが崩れ、個人をねらうようになった。その武器は主として鉄パイプで、次第に殺害を目的とするようになった。

私の世代より少しあとの世代まで「左翼はハシカのようなものだ」といわれた。一度はかかるし、かかるなら早いほうがよい。年をとってからかかると、命取りになる場合もある。全共闘運動が何をめざしていたかを問われても、ほとんどの人は何も答えられない。それは政治的にはナンセンスだったが、マルクス主義を乗り越えることで学生は大人になり、社会を客観的に見られるようになったのだ。

第1章

朝日新聞の挫折

私が朝日新聞社の就職内定をもらったのは、一九七七年十一月だった。もし入社していたら木村伊量《ただかず》前社長の二年後輩になるが、私は内定を辞退した。NHKの内定をもらったからだが、そのとき朝日の人事が驚き、翌年二月にも「気が変わってないか」と電話してきたのを覚えている。当時のマスコミ業界では、朝日の内定を蹴るのは珍しかったらしい。

朝日の一次試験はペーパーテストで、競争率は一〇〇倍以上だった。就職人気ランキングでもベスト10に入っていた。私も学生のころまでは、入社試験を受けたぐらいだから朝日新聞を尊敬していた。NHKには「国営放送局」というイメージがついて回るが、朝日は自由な立場から国家権力を批判できるメディアだと思っていた。面接のときの印象も、NHKが官僚的なのに比べて、朝日はリベラルな感じだった。

今は朝日の新入社員には東大卒がいなくなったらしいが、かつては彼らの学歴も就職偏差値も中央官庁と同じぐらいだった。当時はマスコミの社会的地位が今よりずっと高かったので、朝日の記者はエリート意識をもっただろう。このエリート意識が、さまざまな問題の原因になっている。

なぜ朝日新聞は自爆したのか

朝日新聞が二〇一四年八月五日に掲載した慰安婦問題の特集記事は、大きな反響を呼んだ。一面には「慰安婦問題の本質　直視を」という杉浦信之編集担当役員の論説が出たが、多くの人が注目したのは「『済州島で連行』証言　裏付け得られず虚偽と判断」や「『挺身隊』との混同　当時は研究が乏しく同一視」などの見出しのついた見開き二ページの特集記事だった。

このとき、多くの人が「なぜ今?」という感じをもっただろう。慰安婦問題について批判は多かったが、朝日新聞が強制連行を事実上撤回しながら「枝葉の問題だ」と開き直っていたので、(私も含めて) あきらめていた。第一次安倍内閣ではこの問題を取り上げた安倍首相も、アメリカに口封じされて動けなかった。

あのまま放置すれば、良くも悪くも忘れられる問題だったと思うが、特にきっかけもないのに朝日みずから「間違えました」という大きな記事を出したので、いつもの右派系雑誌だけでなく、ネット上でも批判が爆発した。朝日は、なぜ「自爆」したのだろうか。

これについては、当初「慰安婦の記事を書いた植村隆記者が社を辞めたからではないか」という推測があり、植村も「一四年二月に週刊文春に出た記事で私が大学に就職できなくなったことが原因ではないか」と手記に書いている。

しかしそれは大きな理由ではなかったようだ。朝日新聞社のつくった第三者委員会が二〇一四年十二月に出した報告書（以下「報告書」と書く）は、その調査結果としてこう書いている。

2012年5月、当時の編集担当吉田慎一は、当時の国際報道部長の渡辺勉と相談し、吉田証言問題について下調べをすることとした。記事等にすることを前提としない秘密裏の調査ということで、3名の担当者が選定された。［中略］

2012年秋ころ、**安倍政権が誕生した場合には、河野談話の見直しや朝日新聞幹部の証人喚問がありうる**との話が聞かれるようになったことも下調べの動機となった。

かねてから慰安婦問題に強い関心を表明していた安倍晋三が、首相になったらこの問題に着手するのではないか、という危惧が直接の動機だったようだ。木村社長は首相に就任する前の安倍総裁にも面会しており、彼に恭順の意を表して首相官邸と朝日の関係を修復することで、経営の長期政権をねらっていたと思われる。慰安婦騒動が表面化してからも、彼は将来の各本社の社長人事を語っていたという。

二〇一四年になって「政府による河野談話の見直しが実際に行われることになった場合には、改めて朝日新聞の過去の報道姿勢も問われる」という危機感が強まってきたため、三月に編集担当に就任した杉浦信之が、木村の承認を受けたうえで極秘の検証チームをつくった。

吉田清治の証言などについて、あらためて韓国に取材したが裏付けは得られず、最終的に虚偽と判断したが、記事の扱いは難航した。報告書は「検証チームの方針としては、訂正しておわびをする方針で固まり、7月15日までは、1面掲載の論文及び囲み記事においておわびする旨を明記した紙面案が作成された」。これは全部で八ページの特集だったが、木村が謝罪に反対したため、最終的には「おわび」は削除された。

八月五日・六日という夏休み前のタイミングが選ばれたのは、慰安婦問題で朝日の天敵だった『週刊文春』と『週刊新潮』の締切が四日で、その翌週は休みだったからだ。経営陣は、二週間も空白があれば世間は忘れる、と思ったのだろう。

木村社長の誤算が招いた大反発

しかしこれは木村の誤算だった。誤報を認める一方で、謝罪しないで「本質を直視しろ」と開き直る特集記事は、かえって強い反発を呼んだ。産経新聞は連日、慰安婦問題の大特集を続け、読売新聞は販売店のチラシにも朝日の誤報を使った。週刊誌が取り上げるまでには二週間あったが、ネット上で「炎上」してしまったのだ。

特にまずかったのは、池上彰のコラムを没にしたことだ。報告書では、この経緯を「2014年7月上旬ころ、池上コラムを担当しているオピニオン編集部の担当者が池上氏に対し、慰安婦問題について秘密裡に進めている企画があり、**事前にこの記事の原稿を読んで、同じ紙面に慰安婦問題について論評して欲しいと頼んだ**」と書いている。検証記事を出す前にそれを彼に見せ、企画の一環として掲載する予定だったのだ。

ところがその依頼原稿に「謝罪すべきだ」と書かれていたため、木村が没にしてしまった。これには社内からもツイッターなどで批判の声が上がったが、朝日新聞社は記者会見も開かないどころか、木村は逃げ回って取材にも応じない。日ごろ「情報公開」とか「説明責任」を求める朝日新聞のダブル・スタンダードが、問題をさらにこじらせた。

それでも「木村は訂正記事を出しただけ立派だ」という評価もあったが、第三者委員会の報告書によると、検証記事を発案したのは編集担当の吉田慎一（現・テレビ朝日社長）であり、それを一貫して進めてきたのは渡辺勉だった。朝日新聞の「記者有志」が書いた『朝日新聞　日本型組織の崩壊』によると、渡辺は一九九七年に慰安婦問題の特集を出したとき外報部で取材し、吉田清治の証言について明確に訂正して謝罪すべきだと主張したという。

ところが当時の外報部長は偶然、一九八二年に大阪本社で吉田清治の証言を報じた清田治史だった。もとより彼が自分の過去を暴いて謝罪する記事を出すはずもなく、「真偽は確認できない」という曖昧な表現になった。その後は、朝日も慰安婦報道をトーンダウンさせたが、明確に訂正しなかったため海外に誤解が広がり、これが二〇〇〇年代に日韓関係を悪化させる原因になった。

その後も朝日新聞は「本質的な問題は女性の人権であり、強制連行があったかどうかは枝葉の問題だ」という主張を続けたが、批判がやまないため、九月十一日に記者会見を開き、杉浦編集担当などの更迭を発表し、木村社長も問題の処理が終わったら辞任すると示唆した。

このとき設置が決まったのが前述の第三者委員会で、委員長が中込秀樹（元・名古屋高裁長官）、委員が岡本行夫（外交評論家）、北岡伸一（国際大学学長）、田原総一朗（ジャーナリスト）、波多野澄雄（筑波大学名誉教授）、林香里（東京大学大学院教授）、保阪正康（ノンフィクション作家）の計七名だ。報告書は、朝日新聞の対応について次のように評している。

92年に吉田証言に対する信ぴょう性に疑問が呈されるまで、前記のような意味での「狭義の強制性」を大々的に、かつ率先して報道してきたのは、他ならぬ朝日新聞である。1997年の特集紙面が、「狭義の強制性」を大々的に報じてきたことについて認めることなく、「強制性」について「狭義の強制性」に限定する考え方を他人事のように批判し、河野談話に依拠して「広義の強制性」の存在を強調する論調は、のちの批判にもあるとおり、**「議論のすりかえ」**である。

これを受けて記者会見した渡辺雅隆社長は「すりかえという指摘にどう対応するのか」という質問に「重く受け止めます」と答えるのみで、訂正も謝罪もしなかった。事ここに及んでも「強制性が問題だ」という主張を変えようとしないのだ。

大誤報の主役は植村記者ではない

一九九二年の大誤報を書いたのは、報告書にも書かれたように、東京社会部の辰濃哲郎記者（のちに別件で懲戒解雇）だった。彼は当時、厚生省クラブだったのに、なぜか吉見義明（中央大学教授）からの売り込みで陸軍省の副官通達を記事にしたと書いている。

しかも売り込まれたのが九一年十二月二十四日ごろで、記事にしたのが正月休みをはさんだ一月十一日だという。その記事と一緒に出た「メモ」に「挺身隊の名で強制連行」と書かれていたことが、問題の発端だった。辰濃はこう書いている。

この「メモ」は私が書いたものではないのだが、一面の記事の執筆者として、誤りに気づかなかったことを問われれば、全責任は私にある。おそらく「メモ」を書いた記者はデスクに指示されて、過去のスクラップを参考にして書いたに違いない。［中略］

この点については謝罪させていただきたい。少なくとも、両者の混同が明らかになった時点で、それを修正すべきだった。（『朝日新聞　日本型組織の崩壊』P.158）

この説明は不自然だ。一面トップで政府の方針をゆるがすような記事が、正味一週間で書けるものではない。しかも書いたのは、歴史には素人の医療担当記者。それをチェックしたデスクが複数いるはずだ。その記事が宮沢訪韓の直前に出たのも、偶然とは考えられない。ただ辰濃もいうように、本質的な責任は「両者の混同が明らかになった時点で修正」しなかった編集体制にある。少なくとも九二年四月には「強制連行」は嘘だということが判明していたのに、いまだにそれを認めない。

これを検証した第三者委員会にも問題がある。「朝日新聞の国際的な責任は重くない」と主張した林香里委員は、「吉見義明教授の裁判闘争を支持し、『慰安婦』問題の根本的解決を求める研究者の声明」の賛同者であり、第三者とはいえない。

吉田清治に関する一九八二年の記事についても、朝日の論説委員だった長岡昇が二〇一四年十二月二十三日のブログ記事でこう指摘している。

今年八月の慰安婦特集で、この記事を執筆したのは「大阪社会部の記者（六六）」とされ、それが清田治史記者とみられることを、このブログの九月六日付の文章で明らかにしました。清田もその後、週刊誌の取材に対して事実上それを認める発言をしています。
ところが、朝日新聞は九月二十九日の朝刊で「大阪社会部の記者（六六）は当時、日本国内にいなかったことが判明しました」と報じ、問題の吉田講演を書いたのは別の大阪社会部の記者で「自分が書いた記事かも知れない、と名乗り出ています」と伝えました。しかも、今回の報告書ではそれも撤回し、「執筆者は判明せず」と記しています。

彼もいうように「第二社会面のトップになるような記事を書いて記憶していないなどということは考えられません」。誰かが嘘をついているが、清田も記者会見に出てこない。彼は元役員だったのだから、責任は重大である。

この問題の主役は植村ではない。彼はデスクに命じられて二本の署名記事を書いたにすぎない。このキャンペーンの責任者は、当時の大阪社会部デスクの鈴木規雄である。この点は、植村も『現代ビジネス』で、青木理《おさむ》のインタビューにこう答えている。

――ところで、韓国への出張取材は、どうして植村さんが行くことになったんですか。
植村「僕は慰安婦問題の取材はしたことがなくて、在日韓国人政治犯の問題をずっとやっていたんですけど、韓国語もできるし、規さん［鈴木規雄］は広い目で（部下を）いろいろ見ててくれたから、そういうのがあって派遣されることになったんだと思います」

これは重要である。というのは、報告書にも鈴木が登場するからだ。

辰濃は上記朝刊1面記事を中心となって執筆したものの、従軍慰安婦の用語説明メモの部分については自分が書いたものではなく、記事の前文もデスクなど上司による手が入ったことにより、宮沢首相訪韓を念頭に置いた記載となったと言う。用語説明メモは、**デスクの鈴木規雄の指示のもと**、社内の過去の記事のスクラップ等からの情報をそのまま利用したと考えられる。

なんと一九九一年八月に植村に韓国出張を命じた大阪社会部の鈴木デスクが、翌年一月には東京社会部に転勤して、宮沢訪韓の直前の記事の執筆を指揮したのだ。これは書いた記者も別であり、偶然とは考えられない。大阪から東京に拠点を移し、社を挙げて慰安婦キャンペーンを張った責任者は、明らかに鈴木である。

それだけではない。鈴木は一九九七年の慰安婦特集のときは、大阪社会部長としてその原稿をチェックする立場にあった。若宮啓文政治部長は「吉田清治の証言は虚偽だ」という訂正を出すべきだと主張したが、清田外報部長と鈴木部長が握りつぶして「真偽は確認できない」という曖昧な記事になった。

その後、鈴木は東京社会部長になり、大阪本社の編集局長になった。つまり慰安婦問題は、植村個人の誤報ではなく、朝日新聞の幹部が企画し、社を挙げて実行したキャンペーンであり、これは朝日の構造問題なのだ。それがこの問題が嘘とわかってから、二十年以上も隠蔽された原因である。

左翼的な出世主義

鈴木規雄は一九四七年生まれの団塊の世代である。早稲田大学を卒業して朝日新聞社に入社し、大阪社会部の記者として活躍し、社内では「規さん」と呼ばれて親しまれた。蜷川京都府知事や黒田大阪府知事などの革新自治体が誕生した一九七〇年代には、朝日新聞として彼らを支援するキャンペーンも張った。

新聞社にはデスクから編集幹部などになる行政職コースと、編集委員や論説委員になる専門職コースがあるが、行政職が本流である。鈴木の歩んだキャリアは本流中の本流だった。彼が二〇〇六年に死去したとき、ある記者は彼が大阪本社の編集局長だったときの思い出をこう書いている。


個人情報保護法をめぐる論議がふっとうしていたころ、規さんが大阪朝日の勉強会に呼んで下さったことがあった。そのうちあわせのため夜十一時半に編集局に電話した。

「こんな遅い時間に編集幹部がいらっしゃるんですか」

「何言ってるんだ。毎日ですよ。十二時前に局をはなれたことはないよ。一字一句川柳にいたるまで全部目を通すんだから」

それが彼の憤然とするような答えだった。

勉強会の帰路にたつとき、はにかんだような表情で一冊の本を下さった。赤報隊を名乗る集団の凶弾にたおれた小尻記者のお母さんの句集だった。


鈴木が取り組んだのは、一九八七年に阪神支局の小尻記者がテロリストに殺された事件をきっかけに朝日が始めた、市民の「もの言う自由」の現状を検証する長期連載企画「『みる・きく・はなす』はいま」だった。彼は記者、デスク、部長として十五年間、このキャンペーンを続けた。

彼とともに慰安婦キャンペーンを張った大阪本社論説委員が、北畠清泰だった。彼は一九九二年一月二十三日のコラム「窓」では、吉田清治の「国家権力が警察を使い、植民地の女性を絶対に逃げられない状態で誘拐し、戦場に運び、一年二年と監禁し、集団強姦し、そして日本軍が退却する時には戦場に放置した」という話を紹介し、「知りたくない、信じたくないことがある。だが、その思いと格闘しないことには、歴史は残せない」という名言を残した。

元同僚によると、北畠は一九八八年ごろから吉田清治と電話で連絡し、自分の嘘がばれることを恐れる吉田を説得していたという。さらに一九九六年の社説では「国費を支出するという枠組みを、解決への一歩とすることが、現実的な道だと思う」と主張している。

慰安婦報道の中心になった鈴木規雄（大阪社会部長→東京社会部長→大阪編集局長）、北畠清泰（大阪企画報道室長→大阪論説副主幹）、清田治史（外報部長→東京編集局次長→西部本社代表）などのポストは社会部の本流で、社論を決める立場である。彼らが方針を決めると、それが編集の基準になり、記者の書く原稿もそれにもとづいて採択される。

記者にとって自分の原稿が記事になることは生命線であり、なるべく大きな扱いにしてもらうことが出世の条件である。つまり新聞記事は言論であると同時に、記者にとっては業績評価の基準なのだ。メディアでは普通の企業とは違って、人間関係の調整しかできない人が出世することはない。ジャーナリストの仕事は言論なので、その内容が社の方針にふさわしくない人は、幹部になることはできない。

特に新聞社の地方支局は多く、記者の半分以上は支局勤務なので、社の方針に沿わない記事を書く記者は地方支局に飛ばされ、表現の場を奪われてしまう。鈴木のような左翼的な幹部が社論を決めているときは、リベラルな正義感に沿った記事を書く記者が出世し、彼らの記事が社内の雰囲気を決めるのだ。

「角度をつける」報道

朝日新聞の第三者委員会の報告書は、事務局である朝日新聞の意向が強く反映され、全体としてはあまり目新しい指摘はないが、おもしろいのは最後につけられた「個別意見」だ。

岡本行夫は次のように書いている。

当委員会のヒアリングを含め、何人もの朝日社員から「**角度をつける**」という言葉を聞いた。「事実を伝えるだけでは報道にならない、朝日新聞としての方向性をつけて、初めて見出しがつく」と。事実だけでは記事にならないという認識に驚いた。だから、出来事には朝日新聞の方向性に沿うように「角度」がつけられて報道される。慰安婦問題だけではない。原発、防衛・日米安保、集団的自衛権、秘密保護、増税、等々。

これは朝日の特異な社風である（NHKで「角度をつける」という言葉は一度も聞いたことがない）。記事を書くときに何らかの仮説を立てること自体は悪くないが、朝日の場合はそれが事実と違っていても訂正せず、一つの社論に向けて事実を集め、角度をつける。このような「キャンペーン体質」は、北岡も指摘している。

この原因は単純な商業主義というより、官僚的な前例主義が出世主義とあいまったもので、それが問題の是正を遅らせたのではないか。報告書は、検証記事ができるまでの経緯でも経営陣がこう心配していたと書いている。

おわびをするとこの問題を放置してきた**歴代の人達についても責任を問うことになってしまうのではないか**、あるいは今朝日新聞にいる人達が責任をとらなければならないのか、謝罪することで朝日新聞の記事について「ねつ造」と批判している勢力を「やはり慰安婦報道全体がねつ造だった」とエスカレートさせてしまう恐れがある。

このように彼らが意識していたのは、自分や先輩の責任問題であり、「朝日を批判している勢力」である。検証記事のあと木村が社内に出したといわれるメールでも、彼は「偏狭なナショナリズムを鼓舞して韓国や中国への敵意をあおる彼らと、歴史の負の部分を直視したうえで互いを尊重し、アジアの近隣諸国との信頼関係を築こうとする私たちと、どちらが国益にかなうアプローチなのか」という。

彼は「偏狭なナショナリズム」を批判しているが、これは偏狭ではないナショナリズムがあるという意味ではなく、ナショナリズム＝偏狭という意味だろう。彼はもと政治部の自民党担当記者だから保守派だが、社内向けには「進歩的」な思想を表明しないと出世できない。今回の慰安婦報道でも、安倍政権と取引する一方で「偏狭なナショナリズム」を排撃する狡猾《こうかつ》さがないと、社長にはなれないのだろう。

「社内野党」が政権を乗っ取った

社員の多くが指摘するのは、朝日新聞の官僚主義である。官僚的というのは必ずしも悪いことではなく、大きな組織は官僚が合理的に運営する必要がある。しかし朝日新聞の場合には、それが特殊な形をとっている。営業的に新聞を売るときに役に立つのは、社会面の事件・事故のおもしろい記事だが、大事な問題ではない。これに対して政治部や経済部の記事は大事だが、地味でおもしろくない。

これは日本の新聞に特有の現象で、たとえば高級紙として知られるニューヨーク・タイムズの発行部数は二〇〇万部ぐらいで、ウォール・ストリート・ジャーナルなども同じぐらいだ。これに対して朝日新聞は七〇〇万部、読売新聞は九〇〇万部だが、人口比で見るとニューヨーク・タイムズが一パーセント未満なのに対して、朝日新聞は七パーセントと世界的に見ても圧倒的に高い。このため高級紙と大衆紙の棲み分けができず、一つの紙面に報道と娯楽が同居しているのだ。

記者の動機も、社会部と政治部・経済部では違う。社会部はとにかく早く派手に大きな記事を書くことが出世の条件だが、政治部・経済部では政府や企業から重要な情報を得ることが大事で、ときには情報を抑えることが出世の条件になる。ＮＨＫの海老沢勝二元会長も「抑える記者」だった。

つまり「反権力」の社会部と「権力の番犬」である政治部・経済部が一つの組織に同居し、紙面でそれを使い分けている。たとえば政治家の政治活動は政治部が報道するが、汚職で逮捕されると社会部が報道する。企業の業績は経済部が報道するが、不良品などのスキャンダルは社会部が報道する。

このような使い分けは朝日だけではないが、朝日は両者の落差が最大である。朝日新聞社の経営者は権力者だから、反権力の社会部出身者がなることはなじまない。朝日新聞の社長は、政治部と経済部が交代で社長になってきた。今度の渡辺社長は、朝日の歴史上二人目の社会部出身である。

逆にいうと、社会部は決して権力を取らない（責任をもたない）という前提で、理想論をいうことが仕事になる。彼らはサツ回りから労働問題まで担当する「何でも屋」で、専門分野がないが、どの分野でもスキャンダルとして「角度をつける」習性がある。

今回の経緯を見て感じるのは、このような二極化が先鋭化し、「社内野党」である社会部が経営を乗っ取ったという印象だ。慰安婦報道の「主犯」だった清田治史が役員になり、国家賠償を求める社論を主張し続けたことはその一例である。

このように責任をもつ「与党」と文句をいう「野党」が二極化する現象は、政治だけではなく日本社会に遍在する。問題は野党が存在することではなく、それが一度も責任を取らない「万年野党」になっていることだ。他方で与党的な立場の政治部は、政策に興味がなく政局の記事ばかり書いている。

硬直化した人事システム

慰安婦報道も吉田調書も、反日とか左翼とかいうイデオロギーの問題ではなく、朝日新聞の組織としての体質に原因がある。その背景にあるのは、抜きがたいエリート意識だ。序列意識が社内でも強く、本流と傍流の差が大きい。「キャリア」の本社採用と「ノンキャリ」の地方採用はまったく別で、地方採用の記者が本社に上がることはまずない。今度の渡辺雅隆社長は初の地方採用出身だが、もとは木村社長が「院政」を敷こうとして引き上げた人だ。

　政治部・経済部・社会部の三部が本流で、学芸部や科学部などは傍流、政治部のなかでも自民党宏池会担当は本流で野党担当は傍流――といった序列が、あらゆる階層ではっきりしている。今でも東京本社と大阪本社の人事交流がほとんどないため、西日本が初任地の記者は東京本社に「上がる」可能性がほとんどない。

　このような硬直した人事システムのために、社員の人事への執着が強い。「読売の記者が三人寄ると事件の話、毎日の記者は給料の話、朝日の記者は人事の話」という業界ジョークがあるそうだ。この点は、霞が関の官僚と似ている。どの部署に配属されるかで、仕事の中身がほとんど決まってしまうからだ。

　こういうサラリーマン根性は朝日に特有のものではなく、多かれ少なかれ日本の会社にはあるが、それが報道に反映されると多くの国民（場合によっては世界）に影響を及ぼす。普通のメディアでは、良くも悪くもそういうバイアスが出ないようにチェックするシステムができているが、朝日では昔は本多勝一のようなスター記者は別格の扱いを受け、極左的な記事を書いても通る傾向があったという。

　このような状態を是正しようという意識は九〇年代から出てきたようだが、「リベラル」

な社風が邪魔して、読売のように上司が現場の記者に指示できない。特に大阪社会部は「モンロー主義」で慰安婦問題に執着が強く、東京本社が軌道修正しようとしてもできないという。こういう意思決定の混乱が大誤報の原因だ。

地方紙化する朝日新聞

朝日新聞の質が低下した一つの原因は、就職偏差値が落ちたことにあると思う。最近は東大卒の入社がゼロになったらしいが、東大生は「空気」の変化に敏感だ。原発や慰安婦などの異常な報道を見ると、最近は朝日新聞＝頭が悪い、あるいは朝日新聞＝嘘つきというブランドが確立されたようだ。そうなると彼らは入らないので、その下の大学の左翼的な思い込みの強い学生が入社する。

もう一つの原因は、読者の高齢化だ。紙の新聞の読者の**メディアン**（中央値）は六十歳ぐらいなので、その好みに合わせることが合理的だ。主要な購買層は団塊世代の老人なので、朝日新聞の最近の左翼的な紙面は、彼らにターゲットを絞っている。特に三・一一のあと「原発ゼロ」を宣言してから、大野博人論説主幹のもと、極左化の傾向が目立つ。安倍政権になってからは、雇用改革を解雇特区と呼んで厚労省べったりのキャンペーンを張り、慰安婦騒動を蒸し返して安倍政権に「政治決着」を迫るなど、古典的左翼の論調が復活して、中日新聞や北海道新聞などの地方紙に近づいている。

地方紙が極左的な論調をとるのは自然である。彼らは政府と接点が少ないので、政府の悪口を書いたほうが読者は増えるからだ。しかし全国紙は政治との距離が近く、政権との「貸し借り」が多いので、極左的なスタンスは取りにくい。それがここに来て暴走し始めたのは、朝日の経営が行き詰まっていることと関係があるのではないか。

私は大学で「ジャーナリズム」という科目を非常勤で教えているが、いつも最初の授業で読んでいるメディアを質問することにしている。昔から新聞を読んでいる学生は少なかったが、ここ三年はゼロだ。日本新聞協会の調査でも、購読率は二十代の男性で一三パーセントに激減し、逆に七十代は七八パーセントと少し増えている。

テレビでも私がＮＨＫに勤務していたころから高齢化の傾向はあったが、新聞ではそれが顕著に進んでいる。これは選挙の有権者と一致する。政治と同じく、新聞もメディアンの読者に合わせることが合理的だから、団塊の世代以上の「紙の新聞」を読む世代に特化した紙面づくりをしていると考えると、この地方紙化は説明できる。

老人は幼児に返るという。私の世代ぐらいまでは革新勢力が健在で、日教組の先生は子供に空想的平和主義を植えつけた。もう社会に影響力をもたなくなった団塊の世代は、子供のころの左翼イデオロギーに回帰して反原発デモに参加したりしているから、彼らにターゲットを合わせ、昔の社会党のような話を蒸し返すのは、営業方針としては悪くない。

ただ「団塊政党」だった民主党が無残に失敗した状況を見ると、朝日の地方紙路線にも展望はない。

第2章

「平和主義」のユートピア

安倍首相の政策は、すべて憲法を改正して「戦後レジーム」を終わらせるという究極の目的に向けて決められているように見える。「アベノミクス」と呼ばれる奇妙な経済政策も、景気回復によって支持率を上げて憲法改正の環境を整備することが目的だろう。彼が二〇一四年末に理由不明の解散をしたのも、あと四年の任期を確保して憲法改正の発議までもっていきたいという計画によるものと思われる。

集団的自衛権の行使容認は現行憲法のなかでの「解釈改憲」だが、憲法改正の第一歩と考えることもできる。それは彼が祖父（岸信介）から引き継いだ自民党の立党の精神であり、自分ができなければ永遠にできないという使命感もあるように見える。これを「右傾化」と呼ぶ人がいるが、憲法が七十年近くも改正されていない国は珍しい。独立国が軍隊をもつのも当然のことで、別に右翼的な政策ではない。

これに対して野党や朝日新聞を始めとするメディアが攻撃する最大の根拠も、「平和憲法を守れ」というスローガンだ。集団的自衛権や特定秘密保護法などという生活に無関係な問題に朝日新聞が異様に大きな紙面をさくのも、平和憲法が彼らの守ってきた価値観のコアにあるからだろう。しかし自衛隊も日米同盟も確固たる事実として存在する今、こんな憲法論争にそれほど重大な意味があるのだろうか。

「平和主義」はほめ言葉ではない

今年一月、「イスラム国」と自称するテロリスト集団が日本人の人質を殺害した事件で、テロリストではなく日本政府を批判する人がメディアに出てきたのには驚いた。元経済産業省の古賀茂明は、「報道ステーション」で七分近くも次のように安倍首相を批判した。

安倍さんは「後藤さん犠牲になっちゃうかもしれないけど、もっと大事な事があるんだ」っていう判断をして、一連の発言をしたんだろうなと。〔中略〕「イスラム国と戦っている有志連合の仲間に入れて欲しい」と。そのためには本当は空爆をしたりだとかですね、あるいはイラクに武器を供与したりとかできればいいんですけど……

日本は有志連合に参加しているが、憲法の制約があって空爆には参加できないので、難民救護などの人道支援をしている。しかし古賀は安倍首相がそれを表明したことが「挑発」だと批判し、憲法の平和主義を守れというのだが、英語のpacifismはほめ言葉ではない。辞書

で引くと、この意味は、

1. 紛争解決手段としての戦争や暴力に反対すること
2. 無抵抗の態度や政策

となっており、政治的には2の【無抵抗主義】という意味で使われることが多い。具体的には、敵が攻めてきても武力で対抗しないで降伏するという考え方である。だから安倍政権の「積極的平和主義」は、「積極的無抵抗主義」という形容矛盾になってしまう。

一歩ゆずって、平和主義は憲法第九条の「国権の発動たる戦争を放棄する」という意味だとしても、それは日本国憲法で初めて宣言されたものではない。これは一九二八年に締結されて日本も批准した不戦条約の規定のコピーなのだ。つまり日本は明治憲法でも平和主義だったのであり、およそ「戦争主義」をとなえる国家がない以上、「日本は平和主義だ」という言明には何の意味もない。

これは小さなことのように見えるだろうが、戦後七十年が経過し、歴史を考えなおすとき、不戦条約とは何だったのか、そしてその平和主義がなぜ空文化して第二次世界大戦に至ったのかというのは、きわめて重要な問題である。積極的平和主義という言葉は、「私は不戦条約を知らない」と世界に表明するに等しい。ところが朝日新聞は、これを政治的争点にしようとして、集団的自衛権や秘密保護法をめぐる常軌を逸した報道を続けてきた。

朝日の罪は、このように空想的なアジェンダ（課題）設定を戦後ずっと続けてきたことだ。平和主義は五五年体制では社会党の唯一の政策だったが、村山政権で崩壊してしまった。英米のリベラルは「保守革命」への対抗軸として「第三の道」を打ち出し、大陸でもトマ・ピケティなどは大きな政府の理論武装をしているが、日本では集団的自衛権の行使を容認するかどうかという論争をしている。

こういう論争は、世界に類を見ない。たとえばアメリカでは、民主党のオバマ大統領が「イスラム国」を空爆しているように、いっさいの武力行使を拒否するという絶対平和主義はリベラルにもない。保守が「タカ派」でリベラルが「ハト派」だという程度の差はあるが、軍隊を全面的に否定する日本の社会党のような政党は、どこにもない。こういう一国平和主義は、政策として成り立たないからだ。

たとえば「交戦権を否定して戦力を保持しない」という憲法第九条二項の規定を文字通り実行したとすると、中国や北朝鮮が攻撃してきたらどうするのか。よくあるのは「そんなことはありえない」という答だが、これは攻撃してきた場合の答にはならない。

論理的には、攻撃してきたら反撃しないで降伏するというのが、こういう絶対平和主義（無抵抗主義）の原則である。一九七九年に『文藝春秋』に掲載された論文「新『新軍備計画』」で、森嶋通夫はこう主張した。

万が一にもソ連が攻めてきた時には自衛隊は毅然として、秩序整然と降伏するより他ない。徹底抗戦して玉砕して、その後に猛り狂ったソ連軍が殺到して惨澹たる戦後を迎えるより、**秩序ある威厳に満ちた降伏**をして、その代り政治的自決権を獲得する方が、ずっと賢明だと私は考える。

これは論理的には一貫している。完全な非武装中立を貫くなら、戦争しないで降伏するしかなく、それが正しいのだ。ソ連や中国の支配下に置かれても、相手も人間だから話せばわかるだろう。戦争でたくさん人が死ぬよりいいじゃないか――という推論は正しい。問題は、その前提が正しいのかということだ。

中国や北朝鮮が話せばわかる相手なら、朝鮮戦争は起こらなかっただろう。降伏したら

「政治的自決権」を与えてくれる保証もない。世界には「イスラム国」のようなテロリストもたくさんいるのだ。

ワイドショー化する元官僚

古賀茂明は、経済産業省に在籍していた二〇一一年に、『日本中枢の崩壊』という政府批判の本を出した。彼が役所ともめた原因は公務員改革で、福田康夫内閣の渡辺喜美行革担当相に「一本釣り」され、国家公務員制度改革推進本部の事務局に出向したときだ。自民党や霞が関の反対を押し切って国家公務員法の改正案をつくったものの、渡辺がいなくなると法案は骨抜きにされてしまった。政権交代で改革をやるはずだった民主党内閣の仙谷由人行政刷新相は古賀を経産省に戻し、彼は官房付の窓際ポストで飼い殺しにされた。

私も在職中に古賀にインタビューしたことがあるが、内容は良くも悪くも常識的だった。エネルギー問題については、発電と送電を分離する「古賀プラン」を提案していたが、それはかつて経産省の主流が考えていたことで、政策としても実現可能性はあった。原発については「炉心溶融のような事故より放射性廃棄物の処理が問題だ」といっていた。

それが役所を辞めてからどんどん左傾化し、「原発ゼロ」を主張し始めた。二〇一二年には、テレビのバラエティで「関西電力は火力発電所でわざと事故を起こして電力が大幅に足りないという状況を作り出して原発を再稼働させる『停電テロ』を起こそうとしている」と発言した。

この左傾化の原因は元同僚も不思議に思っているが、生活のためだろう。彼は現役のときからメディアを選ばず、ワイドショーなどにも出演していた。こういう番組で地味な政策論を話しても、おもな視聴者である専業主婦には受けない。「原子力村が安全性を無視して原発事故を起こした」という類のセンセーショナルな話が視聴率を取れるのだ。

古賀だけではない。小泉内閣の内閣官房副長官補だった柳澤協二（防衛省出身）も安倍首相の演説を「挑発だ」と批判し、首相が辞任すべきだと主張した。外務省国際情報局長だった孫崎享《うける》は、「安倍外交が『イスラム国』のテロを誘発した」と断定した。

レバノン大使だった天木直人は、ブログで山本太郎参議院議員を応援し、「イスラム国との戦いに米国と一緒になって突き進もうとしている愚かな安倍首相を政権の座から引きずり降ろすことは、日本の将来の為にこれ以上ない重要な政治使命なのである」という。

多くの国民は官僚といえば保守的な人々だと思っているだろうが、左翼的な人も多い。役所が保守的な組織なので、そのなかにいるときはそれに順応しているが、外に出てマスコミを相手にすると、逆に保守的なことをいってても使ってもらえない。自分を冷遇した役所へのルサンチマンもあるだろう。

営業的には、彼らは賢い。古賀の『日本中枢の崩壊』は四〇万部、孫崎の『戦後史の正体』は二〇万部のベストセラーになった。古賀は、他の本の印税も含めて一億円以上稼いだと思われる。左翼マーケットは、専業主婦や団塊老人を中心に、まだ意外に大きいのだ。左翼をバカにしている人々はもともとテレビを見ないので、失うものがない。

テレビ局の側から見ると、自分たちの意見を「識者」としてコメントしてくれる人が使いやすいので、そういう人に注文が集中する。センテンスが長く学問的にむずかしい話をする人はきらわれ、短時間で言い切って「角度をつける」人が好まれる。

こういう誘惑に負けると、どんどん左傾化する。古賀も孫崎も退官直後は慎重な表現だったが、最近はワイドショーに最適化してしまった。それはそれで、芸能人としては一つの生き方だろう。

集団的自衛権をめぐる過剰報道

朝日新聞の二〇一四年七月二日の紙面は、一面トップに「平和主義覆す解釈改憲」という大見出しを掲げ、一〇ページにわたって次のような見出しで埋め尽くされた。

「強兵」への道　許されない
危険はらむ軍事優先
ねじ曲げられた憲法解釈

安倍内閣の閣議決定した新しい安全保障政策は、全体としては常識的なものだ。集団的自衛権についてもすでに「保持している」という政府見解が出されており、保持している権利を行使できないなどということはありえない。

実質的な効果としても、集団的自衛権の行使については実定法で詳細に決定して国会が承認するので、歯止めはかかる。むしろ公明党に遠慮して武力行使の条件を詳細に決めすぎたことが実務的には問題ではないか、と専門家が批判するほどだ。

ところが朝日新聞を始めとする左派系メディアの報道は、冷戦時代どころか六〇年安保に戻ったようだ。当初は「内閣法制局の見解を首相が変えるのは**立憲主義**に反する」と主張したが、法制局長官は首相の部下であり、しかも官僚である。

立憲主義とは、行政の裁量を主権者（国民）が憲法によって制限することだ。なぜ国民に選ばれてもいない法制局長官の決定に首相が従わなければならないのか。それこそ立憲主義に反する官僚主導である――そういう批判を浴びて、さすがの朝日新聞も法制局の見解を振り回すのはやめたが、その代わりに出てきたのは「解釈改憲」の批判である。

確かに自衛隊や日米安保条約が憲法第九条二項で禁止する「戦力の保持」に当たるという解釈は自然である。明らかに禁止されている戦力を解釈で保持することは望ましくない。それなら朝日新聞は、自衛隊と日米同盟に反対すべきだ。それもしないで集団的自衛権だけに反対するのは、論理が一貫していない。

立憲主義は手段であって目的ではない

立憲主義というのはイギリスの立憲君主制のもとで確立したもので、国王や貴族などの恣《し》意《い》的な支配を排し、法にもとづいて国家を統治する考え方である。ところが歴代の内閣で法制局は「集団的自衛権は保持しているが行使できない」という奇妙な憲法解釈をとり、首相の答弁を拘束してきた。立法も行政も官僚がやり、憲法解釈も法制局がやっている現状こそ、立憲主義に反する官僚支配である。

内閣法制局はその名の通り内閣の一部局で、首相の指揮下にあるのだから、憲法解釈を変える権限は首相にある。法制局が勝手に憲法解釈を決めて首相の判断を拘束するのは、戦前から続く**下克上**の悪習である。首相が法改正で解釈を変更した場合には、国会が承認すればよい。それが違憲だと思う国民が訴訟を起こせば、最終的には最高裁判所が憲法解釈を決める。

法制局ができたのは、明治憲法で内閣の権限が弱いため、美濃部達吉などの帝大法学部教授が法制局参事官として法案の審査をしたことに始まる。長官は強い権限をもち、戦前は政治任用だった。新憲法で内閣の権限は強化されたが、調整機能がなかったため、法制局がそれを代行した。

各省庁は法案提出前に、何カ月も法制局の審査を受けないと法案が出せない。法制局は既存の法律との整合性を極端に重視し、矛盾や重複をきらうため、一つの法律を改正するために多くの関連法の改正が必要になり、関係省庁の合意がないと改正できない。日本の裁判所が違憲判決を出さないのは、実質的に法制局が裁判所の役割を代行し、内閣の提出した法案はすべて合憲だという建前になっているからだ。

立憲主義とは、憲法の条文を守ることではない。条文は主権者（国民）の意思によって変更できるので、守る対象ではない。最古の憲法である合衆国憲法は二七回も修正している。立憲主義の本質は「国のかたち」（constitution）にあり、それはイギリスのように条文にする必要もない。

そしてイギリスの立憲主義とは、何よりも戦争のなかで生まれ、戦争をコントロールする制度だった。十七世紀から続いた戦争のなかでイギリスが勝ち残った最大の要因は、それが財政＝軍事国家としてもっとも効率的に戦争を遂行したためだった（ブリュア『財政＝軍事国家の衝撃』）。

イギリスより絶対君主の権力が強かったフランスは競争に敗れたが、立憲主義を最大化したハンガリーも没落した。かつてオーストリア＝ハンガリー帝国として広大な版図《はんと》を誇った国家の最後のチャンスは、一四五八年にマーチャーシュ一世が即位したときだった。彼は貴族と地主の寡頭政治を廃止して大学教育を受けた官僚を配置し、貴族の私兵を解散して国王直属の「黒軍」を設置するなど、国家の近代化につとめた。

しかしハンガリーでは古くから立憲主義が確立していたため、国王の改革はつねに議会の反対に直面した。マーチャーシュ一世が死去すると貴族は特権を取り戻し、黒軍を大幅に削減し、税負担を七〇〜八〇パーセント減らすことに成功したが、黒軍は対トルコ戦争で壊滅した。フランシス・フクヤマはこう結論している。

中央政府の権力に対抗できるほど強く、団結し、武力も備えた市民社会があっても、政治的自由が達成できるとは限らない。また国家権力に厳格な法的制限をかける立憲主義的な取り決めがあっても、必ずしも政治的自由は得られない。ハンガリーは中央権力を弱めることに成功したが、その結果、目前に迫る外敵から自国を防衛できなくなった。（『政治の起源　下』P.181）

立憲主義は国のかたちを守る手段であり、目的ではない。守るべき対象は国民の生命・財産であり、憲法がそれにそぐわない場合は改正することが立憲主義だ。自衛隊が憲法に違反していると思う人は、それを禁止する憲法改正を提案すればいい。「戦争をなくすために軍隊をなくそう」というのは「犯罪をなくすために警察をなくそう」というのと同じ倒錯である。

国民に迎合する政治家と政策立案を行なう官僚

戦争をやりたい人はいない。「日本は二度と戦争をしない」ときれいごとをいう政治家には、票が集まるかもしれない。しかし日本が戦争をしない国でいれば、中国も何もしないわけではない。むしろ尖閣諸島で日本が対抗できないから、中国は挑発を繰り返しているのだ。

集団的自衛権が行き詰まる原因も憲法ではなく、この**万年野党システム**にある。与党も野党も、政治家は結果に責任を負わないので、美辞麗句で選挙区や業界にいい顔をし、不人気な仕事は役所にやらせてただ乗りする。

こういう野党的政治家は、いざとなったらアメリカが守ってくれると思っているのだろう。彼らは「今でもアメリカは日本を守る義務があるのだから、日本が義務を負わなくてもいい」という。

確かに、これは短期的には損である。戦争になったら「憲法があるから」といって逃げられるほうが楽だ。しかし安倍首相が記者会見で具体例としてあげた湾岸戦争のときも、軍事的な責任を回避したため、日本は他の国に相手にされなかった。

日本がアメリカを守らない片務的な関係では日米同盟はもたない。日本政府が、日米同盟の野党になっているのだ。軍事費を削減したいアメリカは、日本も日米防衛協力のガイドラインに集団的自衛権を明記して、応分の責任をもつよう求めている。

イギリスの立憲君主制は、国王が勝手に戦争を起こすのを防ぐ制度なので、議会が承認しないと戦争はできず、戦費調達のための増税も議会の承認が必要だ。その代わり議会が承認した戦争には、議会が責任を負う。

ところが明治憲法には、このような軍をコントロールするしくみが欠けていた。天皇が政府と軍を別々に統括するため、形式的には全責任を負う天皇が実質的に何も責任を負わない

無責任体制になった。特に「統帥権の独立」によって、内閣も議会も軍をコントロールできないことが致命的な欠陥だった。

明治憲法を書いた伊藤博文は、これを危惧して内閣の軍に対する統制を強めようとし、憲法を改正するための帝室制度調査局を設置した。彼は文民統制のモデルとして朝鮮統監府を設置してみずからその初代統監になったが、朝鮮で暗殺されてしまった。

他方、山縣有朋は議会を軽視し、官僚と軍さえあれば国家は成り立つと考えていた。それも彼が元老をやっていたころまでは何とかなったが、彼が死ぬと「オール野党」になった帝国議会では、軍部に歯止めをかけられなくなった。

それどころか、大政翼賛会をつくって戦争に先頭を切ってなだれ込んだのは議会だった。政治家は結果に責任をもたないので、威勢よく戦争をあおることが選挙では有利になる。それを新聞ももてはやした。この政策立案する官僚機構と国民に迎合する議会という組み合わせが明治時代に定着し、今も続いているのだ。

集団安全保障は集団的自衛権とは違う

集団的自衛権を行使するかどうかなどという論争をしている国は、日本以外にはない。人間に自然権として自衛権があるように、国家にも自衛権があるのは当然で、個別的か集団的かどうかなどという区別はない。これが憲法に合わないなら、憲法を改正するのが当然で、その逆はありえない。

集団的自衛権の根拠を国連憲章に求めるのも奇妙な話だ。国連は**集団安全保障**のための機関であって、集団的自衛権を保証するものではないからだ。集団的自衛権というのは各国の結ぶ軍事同盟のことであり、国連とは別の問題である。この点が、賛成派にも反対派にも十分理解されていない。

たとえば二〇一四年六月十五日の「後方支援　独軍55人死亡　アフガン戦争」という朝日新聞の記事は「集団的自衛権　海外では」というシリーズの一本で、ドイツの例をあげている。

1990年代に専守防衛の方針を変更し、安倍首相がやろうとしている解釈改憲の手法で北大西洋条約機構（NATO）の域外派兵に乗り出したドイツは、昨年10月に撤退したアフガニスタンに絡んで計55人の犠牲者を出した。［中略］

2001年の米同時多発テロで、NATOは米国主導のアフガン戦争の支援を決定。ただ、独国内では戦闘行為への参加に世論の反発が強く、当時のシュレーダー政権は米軍などの後方支援のほか、治安維持と復興支援を目的とする国際治安支援部隊（ISAF）への参加に限定した。

ISAFは国連の安保理事会の決議にもとづいて派遣された集団的安全保障の活動であり、NATO条約にもとづく集団的自衛権とは別である（ドイツはNATOにもとづいて陸軍特殊部隊も派遣している）。この記事は両者を混同し、ISAFを集団的自衛権の例としてあげている。

国連が本来、想定しているのは集団安全保障のための国連軍であり、その手続きは国連憲章の第七章にくわしく書かれている。集団的自衛権は、その末尾（第五一条）に書かれているだけだ。これは各国の「権利」を書いただけで、国連の活動についての規定ではない。

これは些末《さまつ》な話のように見えるが、きわめて重要な違いである。集団安全保障は、憲法が想定している「諸国民の公正と信義に信頼して」行なう国連活動なのだ。これを禁止すると、湾岸戦争のときのように世界からバカにされるだけでなく、いざというとき国連に助けてもらえない。

しかし正式な国連軍は、一度も結成されたことがない（朝鮮戦争や湾岸戦争は変則）。安保理事会で拒否権が発動されるからだ。この難点を回避するために利用されるのが集団的自衛権である。

日本の保守主義とは何だったのか

憲法を改正することは悪くないが、それは今でもそれほど大きな問題なのだろうか。終戦直後に日本が絶対平和主義の憲法をつくったのは「ＧＨＱ（連合国軍最高司令官総司令部）の押しつけ」ではない。「第二次大戦が最終戦争で、枢軸国がなくなればもう戦争は起こらない」というのが、丸山眞男から石原莞爾に至る幅広い日本人の認識で、憲法改正のときも第九条にはほとんど反対がなかった。

しかし一九四八年ごろから冷戦が始まり、日本でもレッドパージなどの「逆コース」で、岸信介などの戦犯容疑者が公職に復帰する。これに反対する「護憲勢力」が左翼の中心となり、吉田茂はこれを利用して軽武装で軍事費を節約した。彼は平和主義者ではなく、憲法第九条は日本を警戒するアメリカやアジア諸国に対する「間近な政治的効果に重きを置いたもの」だった、とのちに回想している。

しかし結果的には、この**吉田ドクトリン**が、戦後の日本の方向を決めてしまった。そのコアにあったのは、米ソが連合国として戦ったポツダム体制だった。ここでは日本を徹底的に無力化するために軍備を奪い、共産党や労働組合を育成して民主化することが最優先の課題だった。これが安倍首相の敵視する「戦後レジーム」だ。

冷戦が始まるとポツダム体制は崩れ、日本はアメリカの同盟国になったが、それでも自民党は政権党でありながら憲法改正をめざす「異端」で、野党は憲法を守る「正統」だというねじれた関係が、ずっと続いてきた。一貫して少数だった野党が憲法を守ることができたのは、朝日新聞に代表される護憲勢力の力が大きい。

一九五〇年ごろに寿命が終わっていた体制を吉田が延命し、自民党内のハト派や「全面講和」を求める左翼が守り、絶対平和主義が日本の国是になってしまった。日本は実質的にはアメリカと一体で核武装したが、国内的には「戦争放棄」の建て前を崩さなかった。だから戦後七十年たって、戦後レジームの柱だった朝日新聞が崩壊する影響は小さくない。

ポツダム体制も冷戦も終わったあと、世界経済では先進国と新興国の対立が深まっている。特に政治的にもプレゼンスを増す中国をどう扱うかが厄介《やっかい》な問題だ。かつて支配者と被支配者の立場にあり、冷戦では同盟国に準ずる位置にいた韓国がどっち側に入るかは意外に重要だが、慰安婦騒動では儒教ブロックの愚民国家であることを証明した。

安倍首相が「戦争をしたがっている」とか「ヒトラーだ」という類の話があるが、良くも悪くも彼にはヒトラーのような信念も指導力もない。憲法改正は、今では政治的スローガンとしてもほとんど意味がない。

自民党は「保守主義」の党だといわれるが、彼らが体系的な保守主義の教典をもっているわけではない。右派の論壇誌を読んでも、慰安婦問題と南京事件と靖国神社の話が繰り返されているだけで、憲法改正以外に積極的な政策はほとんど書かれていない。自民党の保守とは英米的なconservativeではなく、単なる現状維持なのだ。

その保守は国家権力を必要とするものではなく、近世までの日本人は狭い村のなかで掟《おきて》を守って生活してきた。近代以降、「大きな社会」に統合されるなかで、日本は君主制を輸入し、昔からいた天皇をそこにすえた。しかしそれは西洋的な君主とはまったく違う空虚な記号だから、天皇家である必要さえない。

戦後の保守勢力は「憲法改正」という無内容なスローガンを中心にすえ、野党は「憲法を守れ」という以外の政策をもたないことで自民党の長期政権を支えてきた。自民党の長期政権を支えた最大の味方は、無能な野党だったのである。

「和の心」は日本の伝統ではない

シリアの人質事件で「イスラム国も悪いが安倍首相も悪い」という発言が多いのには驚いた。代表的なのは、朝日新聞社の言論サイト「WEBRONZA」に出た小林正弥の「人質事件、首相は『和』の心を取り戻して発信せよ」という記事だ。彼はこう書く。

もともと日本は、聖徳太子が十七条の憲法で「和を以て貴しとなす」と定めたとされているように、国号を「大和の国」としており、「和」の心を文化的に大事にしてきた。［中略］戦後日本は再び「和」の心を取り戻し、平和憲法のもとで、平和主義を貫き、海外の戦争には軍事的に加わらない方針を貫いてきた。

これは誤りである。十七条の憲法は実効性をもつ法ではなく、ほとんどの人に知られてさえいなかった。中国から輸入された律令制度も、平安朝末期には形骸化した。日本で最初の実務的な法体系になったのは、鎌倉時代の貞永《じょうえい》式目（御成敗式目）である。各地の大名もそれぞれの分国法をもっており、そのルールは多様だが、初期に重視されたのは、古来あった**自力救済**の慣行をやめさせることだった。

自力救済とは、世界中どこにでもある「やられたらやり返す」という復讐で、これを放置すると際限なく「親の敵《かたき》討ち」が続き、最悪の場合は戦争に発展する。そこでいろいろな紛争解決手段が試みられたが、その一つが本人切腹制である。これは殺人が家と家の紛争に発展しないように、加害者本人だけを切腹に処すことで収拾しようというものだった。

本人切腹制は被害者の応報感情に応じつつ、加害者一族の反発にも配慮して、本人だけが腹を切る刑罰だったが、このように個人レベルで紛争が終わることは少なく、家と家との争いになることが多かった。そのとき採用されたのが、「故戦防戦法」と呼ばれるルールで、戦争を仕掛けた「故戦」の側を重く罰し、防戦した側を軽い刑にするものだ。

これに対して、どっちが仕掛けたかを問わないで、両方を罰するのが**喧嘩両成敗法**である。これは「喧嘩した者は理非を論ぜず、両方とも死罪」にするが「攻撃されても応戦しなかった負傷者は勝訴」とするルールだ。このもとでは、被害者は裁判に訴えるインセンティブをもつ。攻撃されたら、応戦しないで裁判に持ち込むことが有利になるからだ。故戦防戦法では応戦することが合理的だが、喧嘩両成敗法では、反撃しないで裁判に持ち込めば一〇〇パーセント勝てる。

ただ、これはかなり乱暴なルールなので、公式に制定した藩は少ない。江戸幕府も喧嘩両成敗を公式には制定しなかったが、暗黙のルールとしては喧嘩両成敗は多くの訴訟に適用された。このように日本の歴史のなかでも自力救済による復讐というホッブズ的な自然状態が圧倒的に長かったのだ。

政治の根源には暴力があり、それを抑止することが国家のコア機能である。丸山眞男は「紛争それ自体を悪いことだとする考え方」がいかに誤っているかを論じ、それを乗り越える思想が武士にはあったという。その例が貞永式目だ。これは日本の伝統的な意思決定である「満場一致」ではなく、紛争を前提にして司法的に解決するしくみだ。

日本は非常に危険な国です。「和」の名において、実は強制が行なわれる。そういう危険のほうが、より大きいと僕は思うんだ。だから、まず「紛争」というのを間に置けば、その点は大丈夫なわけです。そうではなく、「統合」から出発しちゃうと、紛争それ自体がいけないんだという、幕藩体制から儒教なんかが大いに要請した秩序本位の考え方のほうに行っちゃう。(『自由について――七つの問答』)

丸山は、こういう日本的な平和主義こそファシズムの温床だったという。明治憲法では「天皇は帝国議会の協賛をもって立法権を行なう」となっているが、これは草案では「承認」だった。それを協賛としたことで議会の意味はなくなり、「翼賛までは一歩の差」だったという。みんながボトムアップの「空気」で決め、少数派を排除する日本は「危険な国」なのだ。

第3章

メディアが日本を戦争に巻き込んだ

シリアの人質事件は、平和ボケの日本人に世界がそれほど平和ではないという現実を知らせた点では意味があった。このとき主要メディアは慎重な報道をしたが、安倍首相の演説がテロリストに対する挑発だとか「宣戦布告」だとかいう意見が政治家や元官僚からも出たのには驚いた。

確かに空爆によって彼らを軍事的に全滅させられるかどうかについては、アメリカ国内でも論議がある。しかし「イスラム国」の目的は単なる内戦ではなく、世界全体を「カリフ」(イスラム指導者)が支配しようという世界戦争であり、近代国家とは相容れない。日本が彼らに配慮して人道支援をやめても、彼らが和解する可能性はないのだ。

こうした「テロリストも話せばわかる」という報道で目立ったのは、テレビ朝日の「報道ステーション」である。朝日新聞が慰安婦騒動で「角度をつける」報道を自粛するようになった分、テレ朝の報道が一段と過激になった。彼らの知的な影響力は朝日新聞には劣るが、その大衆的な影響力は新聞より大きい。左翼の劣化は、加速しているともいえる。

秘密保護法は「スパイ防止法」である

二〇一三年末に大騒ぎになった特定秘密保護法をめぐる論争も奇妙だった。よくある誤解は「戦前の治安維持法のように言論統制を行なう法律だ」というものだ。治安維持法はすべての国民を対象にする法律だったが、特定秘密保護法は「我が国の安全保障に関する情報のうち特に秘匿することが必要であるものについて、〔中略〕特定秘密の指定及び取扱者の制限その他の必要な事項を定める」（第一条）ものであり、その対象は一般国民ではない。

規制対象になる「特定秘密の取扱者」は主として国家公務員だが、政治家も含まれる。政治家の情報管理はいい加減で、二〇〇一年の同時多発テロのときは田中真紀子外相が国防総省の避難先を記者会見でしゃべってしまった。これでは作戦を事前に日本に教えると漏れてしまうので、アメリカが軍事機密を教えてくれないのだ。尖閣諸島をめぐって中国が挑発を繰り返している今、これではいざというとき日米共同作戦が取れない。

「報道の自由が侵害される」というのも誤解である。報道機関は第二二条で除外されており、規制対象ではない。特定秘密の取扱者の秘密漏洩を「共謀し、教唆し、又は煽動した者」（第二五条）は処罰されるが、これは今の国家公務員法や自衛隊法と同じで、特定秘密保護法で新たに処罰の対象になるわけではない。

外交機密の漏洩で有罪になった事件として有名なのは、一九七二年の「西山事件」だ。これは沖縄返還の際の密約情報を毎日新聞の西山太吉記者が社会党に渡した事件だ。これは「特定秘密保護法の危険性」の例としてよく出てくるが、逆である。西山記者は現行法で逮捕されたのだから、今でもメディアの機密漏洩は処罰できる。違うのは罰則が国家公務員法や自衛隊法から特定秘密保護法に変わって、最高刑が重くなることぐらいだ。

この事件以降、記者が起訴される事件は日本では起こっていない。二〇〇一年に読売新聞が報じた外交機密費流用事件では、外務省の要人外国訪問支援室長が外交機密費七億円以上を私的なギャンブルなどにあてていたことが判明し、彼は詐欺罪で逮捕された。このときも読売が報じた情報は「外交機密」だったが、検察は起訴しなかった。

海外の例では、ニューヨーク・タイムズが国防総省のベトナム戦争についての機密文書を掲載したペンタゴン・ペーパー事件や、ワシントン・ポストがニクソン大統領のスキャンダルを暴いたウォーターゲート事件が有名だ。いずれも重大な国家機密であり、その漏洩は違法だったが、メディアは起訴されなかった。それは報道された内容の公益性が高く、機密として守るに値しないと司法当局が判断したからだ。

「原発反対運動が取り締まりの対象になる」ということもありえない。特定秘密は、防衛・外交・特定有害活動・テロリズムの四分野に限定されている。「財物の窃取若しくは損壊、施設への侵入、有線電気通信の傍受、不正アクセス行為その他の特定秘密を保有する者の管理を害する行為により、特定秘密を取得した者」（第二四条）は処罰されるが、これは現行の刑法や不正アクセス禁止法とほとんど同じだ。

新たに規制の対象になる民間人は、公務員の家族や友人、それに官庁の委託業務で特定秘密にアクセスする企業の社員である。自衛隊については今でも企業に守秘義務があるが、他の官庁では曖昧なので、特定秘密の取扱者が制限され、「適性評価」をして守秘義務が課せられる。これは民間企業のやっているセキュリティ対策と同じで、官庁のほうが遅れている。

こういうスパイ防止法は、どこの国にもある。日本でも中曽根内閣のころから何度も国会に提出されたが、野党やメディアの反対でつぶされた。民主党政権でも同様の法案が検討されたので、これが日米防衛協力の障害になっていることは民主党も知っているはずだ。このように、メディアのあおっている不安には根拠がない。

しかし安倍首相がこのような国防の根幹にかかわる重要法案を臨時国会に提出し、わずか一カ月で成立させたのは拙速である。これは国家安全保障会議（日本版ＮＳＣ）が十二月四日に発足するのに合わせたのだろうが、両方とも一刻を争う法案ではない。

特定秘密の指定基準は第三者機関でチェックすることになっているが、法案では明記されていない。必要以上に広い範囲の情報を特定秘密に指定し、それにアクセスする人を逮捕するようなことがあってはならない。この法案はそういう微妙な部分を政令にゆだねているので、今後も監視が必要だ。

役所に寄生して役所を批判する記者クラブ

メディアは「秘密保護法で報道の自由が奪われる」と主張したが、今に至るもそういうケースは一つもない。そもそも日本のメディアは、政府が恐れるような報道をしてきたのだろうか。

日本の記者クラブは、世界にも類を見ない奇習である。クラブは役所のなかに部屋を借りて家賃も払わず、各社の記者が机をもらい、電気代も電話代も役所が払っている。ホワイトハウスにもPress Clubはあるが、これは記者会見のときだけ集まる場所だ。朝から晩まで張り付いて、みんなで飯を食ったり麻雀したりする記者クラブは日本にしかない。

その最大の目的は、**情報カルテル**である。横並びで仕事をしている記者は、大事な情報を

「抜かれる」ことを恐れるので、役所の情報は各社が同時にもらうのだ。正式の記者会見だけでなく、「記者レク」と呼ばれる非公式の懇談会が大事で、ここで聞いた話はオフレコ（記事にしない）である。

メディアが特定秘密保護法に反対するのは、こういう特権がなくなることを恐れているからだ。官僚が今までレクで教えてくれた情報を「守秘義務がある」といって教えてくれなくなると、正式発表まで書けなくなる。

しかしレクで話すのは、役所にとって都合のいい情報である。書いたら役所が困るような本物のスクープは、記者クラブでは絶対に出てこない。役所が家賃や電気代を出すのは、彼らの利益になることを書かせるための賄賂の一種なのだ。

特に声の大きい朝日新聞は、「左翼が書いて右翼が経営する」といわれるほど、本音と建前の落差が大きい。その系列局のテレビ朝日も反対派の急先鋒だが、テレビ初期には存在しない局だった。

一九六〇年代までのテレビ局は新聞社との系列はあまりなく、ＮＥＴ（現在のテレビ朝日）は教育専門局だった。系列も一本化しておらず、毎日新聞系のＴＢＳの番組が、大阪では朝日新聞系の朝日放送で流されていた。

しかし新聞の部数が頭打ちになる一方、テレビがメディアの主役になるにつれて、新聞社はテレビ局を支配しようとした。特にこれを強く求めたのは、キー局のなかに系列局をもたない朝日新聞だった。

NETのお家騒動に乗じて朝日は同社を乗っ取り、「総合テレビ局」に免許が変更された。資本関係を整理し、朝日新聞社が筆頭株主になって一九七七年に「テレビ朝日」と改称された。このとき株式交換によって資本関係の変更を調整したのが田中角栄だった。

放送への新規参入は、他の業界には許されない。朝日新聞は田中の汚職を報道しないという「賄賂」を贈ることによって、この離れ業を成し遂げたのだ。

免許を握るテレビ局と新聞を系列化することで、自民党は新聞社もコントロールできるようになった。ネット局を増やすため、各新聞社の郵政省記者クラブには記事を書く社会部などの通常の記者とは別に、「波取り記者」と呼ばれる（原稿を書かない）政治部の記者が配属された。

西山記者を見捨てた毎日新聞

特定秘密保護法案の関連でよく出てくるのが前述した一九七二年の「西山事件」だが、この事件で西山が有罪になった最大の原因は、彼が取材源を守れなかったことだ。彼は外務省が沖縄返還に関して米軍基地の撤去費用四〇〇万ドルを負担する密約を交わした電文を入手して報じたが、あまり反響がないのでそれを社会党の横路孝弘議員に渡して国会で質問させた。これが第一の間違いだった。

さらに国会で答弁した外務省が「その電文を見せてほしい」というので、横路がそのコピーを外務省に渡してしまったことが第二の間違いだった。決済印から情報の出所が判明し、最後に決済印を押した外務審議官の秘書が自供した。その結果、彼女とともに西山も国家公務員法の「機密漏洩の教唆」の罪で逮捕され、起訴された。取材で得た情報を政治的に利用し、情報源がわかる形で電文を渡したことは、西山も「悔やんでも悔やみきれない」と反省している。

しかしこの事件では、外務省は「密約はなかった」と繰り返し答弁しており、これも国家公務員法違反（虚偽答弁）である。検察が秘書と西山だけを起訴したのは不当であり、毎日新聞社は闘うべきだった。ところが検察は起訴状で、西山が秘書と「ひそかに情を通じ、これを利用して」電文の漏洩をそそのかしたという文章で、彼が肉体関係を結んで情報を入手したとほのめかした。

　これで情勢は一変して西山に批判が集中し、他社も毎日新聞を支援しなかった。毎日新聞社は「おわび」を掲載し、西山は一審で敗訴したあと退職した。読者が不買運動を始め、もともと危機に陥っていた毎日新聞社の経営はさらにきびしくなった（一九七七年に経営破綻）。

　同じような国家機密の漏洩事件としては、ワシントン・ポストがニクソン大統領の盗聴を報じたウォーターゲート事件が有名だが、このときは明らかにＦＢＩの捜査情報が漏洩されていたにもかかわらず、検察は起訴しなかった。

「ディープ・スロート」と呼ばれた情報源（司法省の副長官だったことがのちに判明）をウッドワード記者が守り、ポスト紙が連邦政府の圧力に屈しないで彼の取材を支援したからだ。取材に違法性があっても、報道内容に公益性があり、記者が情報源を守り、彼を報道機関が支援すれば報道の自由は守れるのだ。

　実際には、こんなドラマティックな事件は、日本では西山事件以来ない。国家機密を暴く報道は今でも違法であり、特定秘密保護法ができても違法だが、それが本物のスクープなら検察も起訴できない。報道の自由を守るのは法律ではなく、ジャーナリストの矜持と国民の理解である。

「空気」を醸成するメディア

朝日新聞は、よく「また戦争への道を歩んではならない」といった論説を掲げるが、一九三〇年代に日本を戦争に引きずり込んだのは、軍部の強硬派ではなかった。陸軍には統制派と皇道派の対立があったが、どちらも日中戦争は考えていなかった。限られた国力のなかで負け戦《いくさ》を避けるという点で、両者は合意していたのだ。

天皇機関説を排撃して「国体明徴」などのスローガンを掲げたのは、蓑田胸喜《みのだむねき》などのファシストだった。彼には大した力はなかったが、彼らを売り出したのは、満州事変以降、「戦争は売れる」という状況のなかで、対外強硬派に転じた新聞だった。

五・一五事件には一〇〇〇万人以上の助命嘆願が集まり、朝日新聞の緒方竹虎《おがたたけとら》が中心になった近衛文麿の大政翼賛会を、大衆は熱狂的に支持した。日本の大衆は事実と論理がきらいで、格好いい「正義」が人気を集める。それが社会を席巻すると、その「空気」に官僚が迎合して、誰も止められなくなる。

同じことが今も起こっている。原発の「再稼働の認可」などという手続きは原子炉等規制法にはないのに、存在しない手続きをめぐって原子力規制委員会と電力会社の交渉が続いている。これは天皇機関説のころと似ている。立憲君主制のもとでは機関説は常識的な学説だったが、「陛下を機関とは何事か！」と美濃部達吉を糾弾する蓑田のようなファナティックな右翼が世論を動かし、誰もそれに逆らえなくなった。これを丸山眞男は「空気」にたとえている。

天皇制が正統化され、国民の中に、上から浸透していくに従って、天皇制そのものが政治的対立の彼岸におかれ、非政治的に表象された。したがって、それは、**空気のように目に見えない雰囲気**として一つの思想的な強制力をもつようになった。それは、そこの中に住んでいる人間にとっては、空気と同じようにほとんど意識されない。（「思想と政治」）

このように実体のない国体は、法律のような「固体」にならないがゆえに無限の広がりをもち、限りなく大きな呪縛力をもつ。たとえば一九二三年に起こった摂政宮狙撃事件では、内閣が総辞職し、警視総監以下、警視庁の幹部が大量に懲戒免職となり、犯人の父は衆議院議員を辞職して「喪」に服し、郷里の村は正月の祝いをやめ、犯人の卒業した小学校の校長まで職を辞した。

放射能も国体のような無定義語になり、それにふれることさえ糾弾される「空気」になりつつある。これはかつて蓑田などの示威行動にあおられた政府が「国体明徴」の声明を出し、美濃部の著書を発禁にしたのと似ている。今の日本で放射能にどういうリスクがあるのか、反原発派の主張ははっきりしないが、それを疑う科学者は「原子力村」や「御用学者」のレッテルを貼られ、瓦礫《がれき》の受け入れを認める政治家の自宅にまでデモ隊がやってくる。

放射能の問題は、八割以上が政治と感情である。電力会社の幹部と話すと「科学的に正しくても、私の口からはとてもいえない」という。他の経営者も「客商売ではこの問題にはふれられない」といい、政治家も「選挙区ではいえない」という。今が当時と違うのは、治安維持法がないことだ。蓑田のようなデマゴーグはたくさんいるが、長期的には淘汰《とうた》されるだろう。

戦争は新聞の「キラーコンテンツ」

海軍だけでなく陸軍も、日米戦争に勝てないことは知っていた。それなのに満州事変などで既成事実を積み上げて「空気」を作り出した主犯は陸軍だが、近衛文麿などの政治家はそれに抵抗できず、日中戦争以降はむしろ軍より強硬になった。そういう「空気」を増殖させた共犯は新聞である。朝日新聞は、

［満州事変の始まった］昭和六年以前と以後の朝日新聞には木に竹をついだような矛盾を感じるであろうが、柳条溝の爆発で一挙に準戦時状態に入るとともに、新聞社はすべて沈黙を余儀なくされた。（『朝日新聞70年小史』）

と書いているが、これは嘘である。陸軍が記事差止事項を新聞社に配布して本格的な検閲を開始したのは一九三七（昭和十二）年で、それまでは新聞紙法はあったが、その運用は警察の裁量に任されており、発禁処分はほとんどなかった。なぜなら、ほとんどの新聞が自発的に軍国主義に走ったからだ。

その理由は検閲ではなく、商売だった。日露戦争のとき、戦争をあおって日比谷焼打事件を起こした大阪朝日と東京朝日の部数は合計一八・五万部から五〇万部に、大阪毎日は九・二万部から二七万部に激増した。他方、非戦論をとなえた『万朝報』は一〇万部から八万部

に落ち、片山潜や幸徳秋水などを追放して軍国主義に転向してから二五万部に増えた。

これが「戦争をあおればあおるほど売れる」という成功体験になり、満州事変のあと新聞は従軍記者の勇ましい記事で埋め尽くされた。最後まで抵抗した大阪朝日も、在郷軍人会の不買運動に屈して軍国主義に転向した。このあと軍部を批判する新聞記者は信濃毎日新聞の桐生悠々ひとりになったが、ここでも不買運動が起きて桐生は一九三三年に辞職し、非戦論をとなえる記者はゼロになった。

しかし軍部もアメリカに勝てないことは知っていたのに、新聞記者が何も知らなかったはずはない。朝日新聞でも、むのたけじ記者は戦争責任を取って終戦直後に辞職した。しかし（ドイツと違って）日本の新聞社はＧＨＱに解体されず、かつて戦争の旗を振った朝日新聞が、最近は「原発ゼロ」や「解雇特区」つぶしの旗を振っている。これも商売のためと考えれば、それなりに一貫してはいる。

メディアにとって、戦争は最高のキラーコンテンツである。次ページの図1は昭和戦前期の各新聞の部数の推移だが、満州事変や日華事変（日中戦争）など、戦争のとき大きく伸びた（太平洋戦争のときは紙が配給制になったので落ちた）。

図1　昭和戦前期の５紙の部数変化

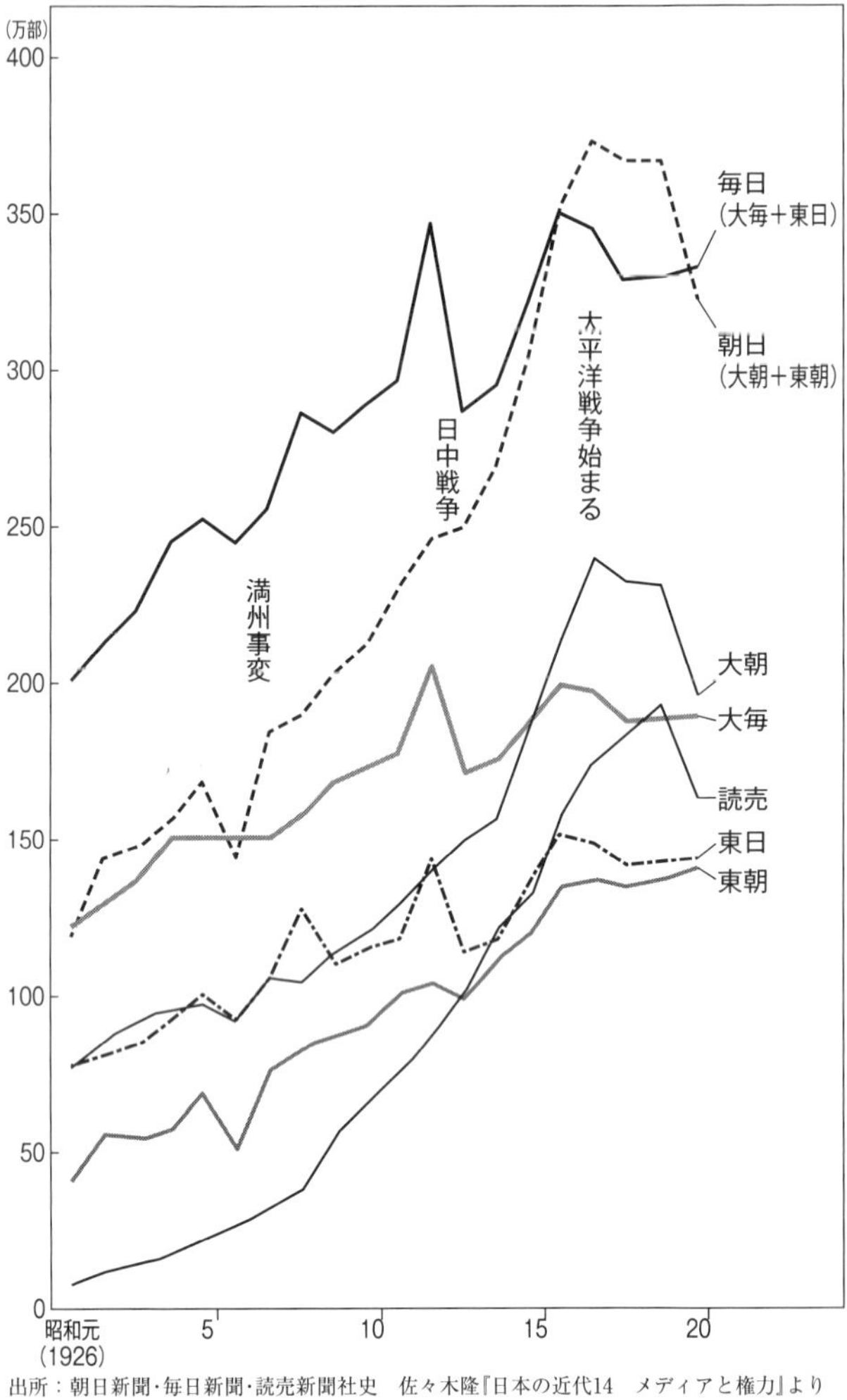

出所：朝日新聞・毎日新聞・読売新聞社史　佐々木隆『日本の近代14　メディアと権力』より

「リベラル」が戦争を主導した

今は朝日も毎日も「平和主義」なので過ちは繰り返さない、と思っている人が多いだろうが、大きな間違いである。一九二〇年代にも新聞は反軍だったのだ。一九三〇年のロンドン軍縮条約で日本の若槻全権大使が軍縮案を受諾して帰国したとき、新聞はそろって「全権帰朝に際し今回の如く盛に歓迎せられる事蓋《けだ》し稀有なるべし」と軍縮を歓迎した。

しかしその批准の過程では、論調がわかれ始めた。大阪朝日や読売は軍縮派だったが、東京日日（毎日の前身）は徐々に海軍寄りに立場を変えた。翌年、満州事変が起こると、各社は多くの特派員を派遣して号外を出し、戦争報道を競った。東京朝日も主筆の緒方竹虎の指導のもと「事変容認・満蒙独立」に舵《かじ》を切り、最後まで残った大阪朝日も反軍派が処分されて容認派に転向した。

このとき東京朝日の主導権を握ったのは、緒方や笠《りゅう》信《しん》太《た》郎《ろう》などの「リベラル」な革新派だった。これは岸信介などの**革新官僚**と連携して日本を国家社会主義にしようとする人々で、彼らが満州国や日中戦争の中心だった。軍のなかでも、東條英機を始めとする統制派は計画経済を志向しており、緒方はのちに閣僚にもなって戦時体制に協力した。

だから平時に新聞が反軍的なのは普通である。反政府的な論調のほうが人気があるからだ。そして戦争が始まるとナショナリズム一色になるのも普通だ。あのニューヨーク・タイムズでさえ、「イラクは大量破壊兵器をもっている」という「スクープ」を飛ばして、開戦に賛成の論陣を張った（のちに誤報と判明）。

朝日新聞は敗戦の翌日から「平和主義」に転向したが、それは戦争に賛成したとき何の信念もなかったからだ。今の反原発も反秘密保護法も、彼らの「平時モード」としては普通だが、何の論理的根拠もないので、「有事」になったらコロッと変わるだろう。特に緒方や笠のような「リベラル」が危ない。それは（国家）社会主義の別名だからである。

今後、尖閣で軍事衝突が起こったとき、もっとも懸念されるのは、マスコミが大きな声で報復を叫ぶことだ。それを煽動するおそれがもっとも強いのは、朝日新聞である。二〇一〇年十一月六日の朝日社説は、尖閣諸島の衝突事件のビデオが流出した事件についてこう書いている。

流出したビデオを単なる捜査資料と考えるのは誤りだ。その取り扱いは、日中外交や内政の行方を左右しかねない高度に政治的な案件である。それが政府の意に反し、誰でも容易に視聴できる形でネットに流れたことには、驚くほかない。［中略］仮に非公開の方針に批判的な捜査機関の何者かが流出させたのだとしたら、政府や国会の意思に反する行為であり、許されない。

この映像は「特定管理秘密」に指定されていなかったにもかかわらず、朝日新聞は機密を漏洩した者（当時は不明）の処罰を求めている。それは当時の菅政権がこれを激しく非難したからだ。このビデオは彼らの政治決着の誤りを暴露し、民主党政権の（すでに落ちていた）支持率はさらに落ちた。民主党を支持する朝日新聞は、ビデオを隠蔽したかったのだろう。

要するに、朝日新聞には一貫した原則も論理もないのだ。一貫しているのは、感情的な世論に迎合しようという商業主義である。このように部数を増やすために戦争をあおった新聞が、日本を戦争に導いたのだ。

第4章 メディアがつくった原発の恐怖

朝日新聞が日本経済に最大のダメージを与えたのが、エネルギー政策である。というより、そこには政策といえるものが何もない。あるのは「ゼロになってほしい」という空想だけだ。二〇一一年七月に朝日が「原発ゼロ」を打ち出したときも「できるかできないか考えないでゼロにしよう」という主張だった。

それまで朝日は原発推進派だったのが、一八〇度の転換だった。これは当時の民主党政権に迎合したものだった。それは震災直後に国民がパニックになった状況では、政治的にはやむをえない面があったが、問題はそれを菅首相の「要請」という行政指導でやったことだ。これには法的根拠がないので、方針を転換しようとしても何を変えればいいのかわからない。

被災地を年間一ミリシーベルトまで除染するという基準も法的に決まっていないが、市町村はいまだに過剰な除染を続け、福島第一原発では人体に無害な「汚染水」の除去に毎日七〇〇〇人の作業員が従事している。こういう状況の根拠は科学でも法律でもなく、メディアの生み出す「空気」である。

吉田調書の奇妙な「過剰謝罪」

朝日新聞が原発事故に関して大失態を演じたのは、福島第一原発の吉田昌郎所長の政府事故調査委員会に対する証言を掲載した「吉田調書」の問題である。これについては、私は第一報が二〇一四年五月二十日に一面トップの「所長命令に違反　原発撤退」という大見出しで出たときから不審な印象を受けた。

まず政府事故調のヒアリングは非公開が原則である。これが後から新聞に全文が漏洩されるようでは、都合の悪いことは隠すようになるだろう。まして今回の調書については、吉田は政府事故調から国会事故調に渡すことは了解したものの、その公表は拒否した。

上申書で彼は「これらは、私の事故当時の判断、認識を述べたものではなく、貴委員会からの聴取を受けた際の私の感情や感想を率直に表現したものであり、聴取時の私の心理状態や聴取の雰囲気、聴取に当たった担当官との関係、前後の文脈等をきちんとふまえていただかなくては誤解を生んでしまうと危惧しております」と書いている。

事故調の事情聴取は、非公開と免責を条件に行なわれるものであり、それが事後的に報道されるようでは、信頼関係は壊れてしまう。刑事事件の捜査で捜査関係者がこういう情報漏洩を行なうことはあるが、調書を丸ごと漏洩することはありえない。情報を出す場合も相手の了解を得て、情報源を秘匿することが条件だ。

ところが吉田調書の場合は実名であり、吉田がすでに死去しているため、調書の公開についての了解を得ることができない（了解を求めたら拒否しただろう）。そのうえ、元の資料が非公開なので、どの部分について報道するかについて朝日新聞が一方的に決めることができるので、印象操作が可能だ。事実、そういう印象操作が行なわれた。朝日新聞は記事のリードで、こう書いている。

東日本大震災4日後の11年3月15日朝、第一原発にいた所員の九割にあたる約650人が**吉田氏の待機命令に違反し**、10キロ南の福島第二原発へ撤退していた。その後、放射線量は急上昇しており、事故対応が不十分になった可能性がある。

この「待機命令に違反」という話が見出しになったわけだが、奇妙なことに記事の本文には「違反」の事実が出てこない。そもそも吉田は「第一原発で待機せよ」という命令を出したとは語っていないのだ。このとき所員が第二原発に待避し、吉田が「結果的にはそれが正しかった」といっている。

正確にいうと、吉田が三月十五日朝のテレビ会議で待機を命じた事実はあるが、それを所員には伝達しなかった。作業に従事していない所員の多くは自発的に第二原発に待避し、吉田はそれを事後承認したのだ。所員が待機命令を聞いたうえでそれを無視したのなら、「待機命令に違反した」といえるが、そういう事実は出てこなかった。

これが朝日新聞の第三者機関「報道と人権委員会」（ＰＲＣ）の出した結論だが、奇妙だったのは、これを慰安婦問題と一緒にして社長が謝罪し、十一月にこの吉田調書問題を理由に辞任したことだ。確かに吉田調書に記載されていない「命令違反」という見出しをつけたことは報道機関の倫理として問題があるが、訂正記事を出せばすむ程度のことだろう。

社長が辞任するという過剰反応がなぜ起こったのかは不明だが、吉田調書の内容が問題になり、それを政府が公開する方針を決めたのが直接のきっかけだったらしい。いずれにせよ慰安婦問題で辞任は必至なので、まとめて片づけようということだろう。社内の関係者も、「吉田調書だけだったら辞任までしなかっただろう」という。

最大の計算違いは、同じ時期に慰安婦問題が総攻撃を受けたことだ。これは前にも書いたように安倍政権と「手打ち」するための収拾工作だったのだが、吉田調書と一緒に「炎上」したことで、経営陣がパニックになったらしい。

「プロメテウスの罠」の巧妙な印象操作

福島第一原発事故の直後の報道はどこの社も誇張されており、これはやむをえない面もあった。こういう事故は日本で初めてであり、原子力の専門家も記者にはいなかった。おまけに民主党政権の出す情報が大混乱だったので、メディアが混乱するのはしょうがないが、朝日は事故のあとも突出して危険を誇張するキャンペーンを張った。

その尖兵が二〇一一年十月から連載が始まり、新聞協会賞も受賞した「プロメテウスの罠」である。朝日の記者も事実は取材して知っているから、まったくのデマを流すわけにはいかないが、巧妙に問題をごまかして情緒的な記事にする。二〇一一年十二月二日の記事は「我が子の鼻血、なぜ」というタイトルで、こう書いている。その手口がわかるように、あえて長文で引用しよう。

福島から遠く離れた東京でも、お母さんたちは判断材料がなく、**迷いに迷っている。**たとえば東京都町田市の主婦、有馬理恵（39）のケース。6歳になる男の子が原発事故後、様子がおかしい。

4カ月の間に鼻血が10回以上出た。30分近くも止まらず、シーツが真っ赤になった。［中略］心配になって7月、知人から聞いてさいたま市の医師の肥田舜太郎（94）に電話した。肥田とは、JR北浦和駅近くの喫茶店で会った。

「お母さん、落ち着いて」席に着くと、まずそういわれた。肥田は、広島原爆でも同じような症状が起きていたことを話した。放射能の影響があったのなら、これからは放射能の対策をとればいい。有馬はそう考え、やっと落ち着いた。周囲の母親たちに聞くと、同じように悩んでいた。［中略］

「原発事故後、子どもたちの体調に明らかな変化はありませんか」すると5時間後、有馬のもとに43の事例が届いた。いずれも、鼻血や下痢、口内炎などを訴えていた。

こうした症状が原発事故と**関係があるかどうかは不明だ。**かつて肥田と共訳で低線量被曝（ひばく）の本を出した福島市の医師、斎藤紀は、子どもらの異変を「心理的な要因が大きいのではないか」とみる。それでも有馬は心配なのだ。

首都圏で内部被曝というのは心配しすぎではないかという声もある。しかし、母親たちの不安感は相当に深刻だ。たとえば埼玉県東松山市のある母親グループのメンバーは、各自がそれぞれ線量計を持ち歩いている。(前田基行)

「迷いに迷っている」とか「関係があるかどうかは不明だ」とか「心配しすぎではないかという声もある」などと逃げ道をつくったうえで「母親たちの不安感」を強調し、全体としては「福島の事故によって町田で鼻血が出る」という印象を与えている。

放射線を浴びた人に、鼻血が出ることはありうる。原爆で一挙に大量の放射線を浴びる急性被曝では、幹細胞が死んで血球の減少や下痢、血便などが起こるが、この場合はほぼ即死だ。低線量被曝によって鼻血が出ることは、医学的にありえない。まして福島の事故によって、三〇〇キロ近く離れた町田で鼻血が出る可能性はゼロである。

もちろん子供に鼻血が出ることはある。四三例ぐらい見つけるのは簡単だ。「鼻血が出た」という事実と「原発事故が起こった」という事実を並べて、このように恐怖をあおると、子供を心配している主婦が信じるのは当然だ。

前田という記者は、この記事で何をねらっているのだろうか。おそらく彼も、肥田の話に医学的根拠がないことは知っているだろう。しかし連載は何かで埋めなければいけない。「お母さんたちは迷っている」という母親の心配をテーマにすれば逃げ道がある……そう考えたのだろう。

これは「軍の関与」という曖昧な言葉で、日本政府が慰安婦を拉致したという印象操作をしたのと同じ手口だ。慰安婦の場合は「挺身隊の名で強制連行」という明らかな事実誤認があったために逃げ切れなかったが、「プロメテウス」は巧妙に予防線を張っている。そういう知恵だけは発達したわけだ。

「汚染水」は本当に危険なのか

福島第一原発の「汚染水」が騒がれているが、湾内のセシウム１３７やトリチウムの濃度は一リットル当たり一〇ベクレル以下で、これは飲料水の水質基準を下回る。この水を飲む人はいないから、人体に影響が及ぶのは魚に蓄積した場合だが、福島第一原発の近海一〇〇キロメートルは漁業禁止海域であり、魚介類を介して放射性物質が人体に及ぼす影響は無視できる。

だから「十万年後の安全に責任がもてない」という話は錯覚なのだ。核廃棄物の汚染で問題なのは、地震などで廃棄物の容器が壊れてプルトニウムが地下水に混入し、魚などを介して人体に入る経口毒性だが、これはゼロといってもよい。プルトニウムは水に溶けず、体内に吸収もされないので、有機水銀のように食物連鎖で濃縮されることはありえないからだ。

だから三二〇億円かけてつくられた「遮水壁」の有効性も疑わしい。もちろん何かのきっかけで放射性物質が大量に海中に出る可能性は否定できないが、そのリスクはここまでのべたようにきわめて低い。地下水よりはるかに多くの雨が降ってくる。

しかし今回の予備費は、オリンピック対策として緊急に計上されたもので、使途が「研究開発」に限定されている。土木工事に国費を投入するためには国会の審議が必要だが、いまだに政府は「事故処理は東電が全責任を負う」という建前を変えていないので、今後も必要になる汚染水対策には、この予算は使えない。

だから汚染水は、他の汚水と同じように薄めて海に流すことがもっとも合理的な処理方法だ。今のようにプラントが破壊されている状態では、地下水の流入や漏出は避けられない。

なぜ原子力だけが、このようにゼロリスクを求められるのだろうか。たとえば石炭火力発電所から出る廃棄物は、排気として外気に直接放出され、アメリカの調査によれば、この排気の放射能は周囲の住民一人当たり最大一八〇ミリシーベルト／年、野菜などに蓄積されるとその二倍ぐらいになる。他方、原発は三〜六ミリシーベルト／年ぐらいだから、石炭火力の放射能は原発の一〇〇倍以上である。

つまり原発だけが**ゼロリスク**を求められるのは、廃棄物の量が石炭火力の数万分の一と小さく、すべて密封できるからなのだ。石炭火力に同じ基準を適用したら、何百万トンも出る廃棄物をすべて密封する巨大な処理場をつくらなければならず、運転は不可能になる。

同じ意味で、プルトニウムより危険な重金属（毒性は永遠に減衰しない）が野ざらしになっているのに、核廃棄物だけに「十万年後の安全」を求める学術会議の検討委員会の報告書もナンセンスだ。今田高俊委員長は「三〇〇メートルの地下に埋めても地下の微生物に放射線が作用してその微生物を取り込んだ別の生物が地上に出てくる」などとSF小説のような話をしている。

最大の被害の原因は放射能ではない

福島第一原発事故についての政府の事故調査・検証委員会の最終報告書には、あまり目立たないが重要な指摘がある。双葉病院（福島県大熊町）とその系列の介護施設で患者など約五〇人が死亡した事件について、八ページにわたって記述しているのだ。

事故直後の二〇一一年三月十二日朝、周辺一〇キロに避難指示が出たのを受けて大熊町は大型バス五台を病院に派遣して二〇九人を救助した。このとき寝たきり患者ら二三〇人が取り残されたが、大熊町は避難が完了したと誤認して放置した。「患者が残っている」という連絡を受けて陸上自衛隊が救助を始めたのは二日後で、寝たきりの患者を長時間搬送し、避難所の施設も不十分だったために多数の患者が死亡した。

報告書はこの原因を「町と自衛隊の連携が不適切だった」と指摘しているが、問題はそれだけではない。双葉病院は福島第一原発から南西四キロの位置にあるが、風は北西に吹いていたので、それほど緊急に避難する必要はなかった。低線量の放射線による被害は長期間にわたって蓄積しないと出ないので、少なくとも介護の必要な患者を放置して死亡させるリスクのほうが高い。ところが原発の避難計画には、病院の患者をどう扱うかという項目がなかった。原発の放射能による死者は一人も出ていないが、過剰避難による二次災害のほうがはるかに大きな犠牲をもたらしたのだ。

これはチェルノブイリ原発事故についても指摘された事実である。原発の放射能による被害者は、消火にあたった作業員など六〇人程度だが、ソ連政府が周辺の広い地域に退去命令を出したため、二〇万人以上が家や職を失い、数千人の自殺者が出た。ロシア政府は「チェルノブイリ事故の教訓は社会的・精神的要因の重要性が十分に評価されなかったことである」と総括している。

しかし政府は、この教訓に学んでいない。いまだに一五万人が避難生活を強いられているが、政府は彼らがいつ帰宅できるのか、見通しも示さない。いまだに公式見解では、帰宅は「年間一ミリシーベルト以上の放射能汚染を除去してから」ということになっているが、被災地をすべて除染するには数兆円の経費と数十年の時間がかかる。

放射線の被曝線量については、国際的に年間一ミリシーベルト以下に管理することをICRP（国際放射線防護委員会）が勧告し、日本の基準もこれに準じて決まっている。しかしこの線量は世界の自然放射線の年間平均二・四ミリシーベルトより低く、過剰規制だとの批判が強い。ウェード・アリソン（オックスフォード大学名誉教授）は、不適切な基準による過剰避難のために二次災害で多くの人命が失われたと指摘し、国際的な線量基準の見直しを呼びかけている。

低線量被曝で癌《がん》になるリスクはゼロではないが、受動喫煙と同じぐらいの軽微なものだ。

一〇〇ミリシーベルト以上の放射線を一挙に浴びると発癌率が上昇する場合があるが、年間の合計で同じ量を浴びても健康に影響はないというのが医学の常識である。毎時数十マイクロシーベルト程度の線量なら、あわてて避難するより屋内退避したほうがいい。放射線による癌が発生するのは平均二十五年後なので、高齢者のリスクはほとんどない。

ところが放射線医学の専門家がこのような助言をすると、反原発派が「原発のリスクを過小評価する御用学者だ」と攻撃する。彼らは「原発は無限に危険だ」というドグマを守るために放射線のリスクを過大評価し、二次災害のリスクを無視するのだ。政府も「人命軽視だ」という批判を恐れて線量基準を見直そうとしないが、放射線で死ぬ人も過剰避難で死ぬ人も命の尊さは同じだ。

ICRPの線量基準は「平時」の状態を想定したもので、多くの人々が避難生活を強いられるコストは考えていない。この勧告には強制力がないので、政府はこれ以上二次災害を拡大しないためにも、国の線量基準を見直して被災者の帰宅を進め、ICRPに基準の見直しを求めるべきだ。それが先進国で初めて大規模な原発事故を経験した日本が世界に伝えられる最大の教訓である。

原発は「ロシアン・ルーレット」か

気象学者が地球温暖化による気候変動を防ぐためには原子力の開発が必要だという公開書簡を世界の政策担当者に出したのに対して、明日香壽川《あすかじゅせん》（東北大学教授）などが反論している。彼らの結論は「国際社会が日本の経験を踏まえ、原子力発電という〝ロシアン・ルーレット〟に頼らない気候変動対策やエネルギー・ミックスを検討することを切に望みます」となっている。もし原発がロシアン・ルーレットだとすれば、その弾は何発に一発入っているだろうか。

文系の反原発派は原発事故の確率を一〇〇パーセントと考えて「もう一度、事故が起こったら経営破綻するのだから電力会社にとって原発は不合理だ」という類の議論をするが、さすがに科学者は事故の確率を考えている。原発事故はテールリスク（ごくまれに起こる大きなリスク）なので、その確率は厳密に計算できないが、過去の事例から考えてみよう。

彼らは原発の保険料が一基当たり一億円／年で保険金が三〇〇億円という事実から、苛酷事故の確率を（一基当たり）三百年に一度としている。民主党政権のとき原子力委員会が行なった計算では、日本の過去の実績（千五百炉年に三基の苛酷事故）から五百炉年に一度と計算している。つまり三百～五百年に一度というのが、保守的に見積もった苛酷事故の確率だろう。

彼らはそこで計算を打ち切っているが、この確率をもとに原発のリスクを計算してみよう。それがロシアン・ルーレットだとすると、一基の原発について三百年に一度ぐらい弾が出てくることになる。それによって何人死ぬだろうか。日本ではゼロだったが、あえて最悪の推定としてチェルノブイリ程度の事故が起こるとすると、国連科学委員会の確認した死者は六〇人。つまり死者の期待値は年間〇・二人である。

これを他のリスクと比べてみよう。日本で原発が運転開始した一九六〇年代から、これまでに交通事故で三〇万人以上が死亡した。現在も年間五〇〇〇人近くが死亡している。タバコでは、年間一三万人が死んでいる。原発とどちらがリスクの大きなロシアン・ルーレットであるかは明らかだろう。

ではグローバルに見るとどうだろうか。これについてはＯＥＣＤ（経済協力開発機構）などの国際機関は一致して「キロワット時当たりのリスクが最大の電源は石炭火力だ」と結論している。ギガワット・年でみると、石炭火力の死者は七・六人だが、原子力は〇・〇四八人である。これはチェルノブイリ事故の死者を三一人としているが、国連に従って六〇人とすると〇・一人だ。石炭のリスクは原子力の七〇倍以上である。

ところが明日香らは苦しまぎれに震災関連死の数を合計し、こうした二次災害の「リスクの大きさは甚大なものであり、病気による予想死亡者増加数などをもとにした「石炭火力の」大気汚染や他のリスクとの単純な比較は、あえて言えば無意味だと考えます」という。

これは詭弁である。リスクはつねに固有の特徴を捨象して単純化しないと、定量的に比較できない。OECDも推定するように、石炭火力の直接被害だけで毎年、全世界で数万人が死亡していることは確実だ。ここには大気汚染の被害は含まれていないが、WHO（世界保健機関）の調べによれば、全世界で大気汚染による死者は年間七〇〇万人。そのうち一〇〇万人以上が石炭によるものと推定されている。

チェルノブイリ事故の死者は、国連の報告書によれば六〇人。WHOの推定する最大の被害推定でも四〇〇〇人だ。これが原子力の五十年の歴史で最大の事故であり、OECD諸国ではこれほどの死亡事故は起こっていない。これまでの原子力の歴史で五十年で四〇〇〇人ということは、毎年八〇人だ。同じWHOの調査で毎年一〇〇万人死ぬ石炭と、どちらが人類の脅威なのか。

しかも石炭火力は地球温暖化による気候変動というもっと大きなリスクをもたらすおそれがある。日本はこれまで原発を止めて温室効果ガスの排出量を増やし、排出権枠を海外から買っているが、これでは責任を果たしているとはいえない。そろそろ原発事故の恐怖から目を覚まし、バランスの取れた環境政策を考えるときだろう。

第5章

労働者の地獄への道は善意で舗装されている

戦後ずっと左翼が影響力をもってきた背景には、教育の影響も大きい。社会科や歴史教育ばかりが話題になるが、それよりも教師が小さいころから教える温情主義や平等主義が子供に大きな影響を与えている。

「できる子」というのは、先生の意図を推測して、それに迎合するような答を書ける子だから、日教組の先生の期待するような答のできる子が優等生になる。その結果、戦争に反対して競争原理をきらい、環境を保護して原子力に反対するリベラルな人に、「進歩的文化人」というイメージができる。

「派遣労働者はかわいそうだから派遣を規制すべきだ」といった温情主義は、そういう人々の愛好するテーマだ。彼らはそういう温情主義のコストを考えなくてもいいので、きれいごとをいっていればよい。競争や不平等を避ける教育が、良くも悪くも協調的で競争をきらう人間を再生産しているのだ。

日本の問題は階級格差ではない

ピケティの『21世紀の資本』が、日本で大ベストセラーになったのには驚いた。私も『日本人のためのピケティ入門』という本を同書の邦訳と同時に出したが、これも一二万部を超える売れ行きだ。この本にも書いたが、ピケティの本は日本についてほとんど書いていないし、そこで分析されている欧米の状況は日本とはまったく違う。

ところがピケティが来日したときは、話が「日本でも所得格差が広がっているか」という話題に集中し、格差を累進的な資産課税で是正すべきだという彼の主張を朝日新聞などがかつぎ回った。それは日本の左翼の伝統である温情主義に都合がいいからだろう。

『21世紀の資本』の基本テーゼは「階級格差が世代間格差より大きい」ということだが、これは日本には当てはまらない。彼は所得税の累進性にこだわっているが、問題は税よりも社会保障である。日本の年金の格差は世界最大であり、フランスの四倍近い。

この解決策は簡単で、年金の支給額を下げることだ。長期的には、年金を賦課方式から積立方式に変える必要があるが、これについてピケティは否定的だ。「政治的に困難だ」というが、そんなことをいったら彼の提案する「グローバルな資本課税」は政治的に不可能だ。社会保障の負担を平等化すれば平等になるというのは、経済学的には自明だが、政治的には不可能に近い。日本ではそれが最大の問題なのだ。

ピケティの議論が弱いのは、不平等化を理論的に説明できず、経験則としてしか語っていないことだ。格差の原因は単純で、資本主義では資本家が所得分配のルールを決めるからだ。それが資本家のメリットである。マルクスが『資本論』で「私的所有を否定して個人的所有を再建する」という難解な表現でのべたのは、この点だ。

ピケティが、こういうガバナンスの問題にまったくふれていないのは解せない。彼の両親は一九六八年の五月革命の闘士で、革命が挫折してからフランスの田舎に引っ込み、山羊を飼育して暮らしていたという。その五月革命のスローガンこそ、労働者の自主管理(autogestion)だった。当時は、企業を労働者が乗っ取る生産管理闘争が各地で起こった。

これは決して過去の話ではなく、今でもドイツでは労働者管理が制度化されている(ピケティは「ライン型資本主義」として簡単に紹介している)。このような「ステークホルダー資本主義」がいいかどうかは論争が続いているが、理論的にも経験的にもうまくいかない。

ピケティはそういう問題を踏まえたうえで、普通の資本主義がベストだと考えているのかもしれないが、機会均等に反する遺産相続を認める資本主義が、権利において平等でないことも明らかだ。それを国家による事後的な再分配で解決しようとする点が、彼のロジックの最大の弱点である。

マルクスは、「結果の平等」を否定し、ドイツ社民党のゴータ綱領の「分配の平等」というスローガンを「時代遅れの屑のような決まり文句」と罵倒した。資本主義のルールのもとでは、今の所得分配が正しい。問題は、そのルールを変えることだ。重要なのは資本家の専制を倒し、労働者の共和制に変えることだ――というマルクスの理想は、二十一世紀の左翼より未来的である。

「残業代ゼロ」に反対する工業社会の亡霊

厚労省の労働政策審議会は、労働時間ではなく成果に応じた賃金を認める高度プロフェッショナル制度と呼ばれる労働基準法の改正案を了承したが、民主党などが「残業代ゼロ法案」として反対している。これは第一次安倍内閣の労働基準法改正で「ホワイトカラー・エグゼンプション」として提案され、同じレッテルで葬られたものだ。

これを「残業代ゼロ」と呼ぶのは誤りである。そもそも勤務時間がなくなるのだから、残業も残業代もなくなるのだ。これは「残業代ゼロ」を攻撃している朝日新聞などのマスコミと同じだ。記者の仕事はほとんど外回りで勤務時間が計れないから、残業代はない。私がNHKに勤務していたころから、記者は（他社と同じく）特定時間外というみなし勤務で、職場ごとに一定の手当をもらっていた。

それ以外の職種は（私のような）ディレクターも含めて、普通の残業手当をもらって勤務していた。どっちが勤務実態に即しているかといえば、明らかに記者のほうだった。報道局のなかでも、ニュース番組のようなデイリーの仕事をやっていると、残業はすぐ一〇〇時間ぐらいになってしまうので「サービス残業」が常態化していた。

残業時間に意味がないことを一番よく知っているのは、官僚だろう。国会の開会中には「国会待機」と称して、深夜まで多くの官僚が役所に残っている。仕事はほとんどしていないが、残業時間は二〇〇時間を超えることもざらにある。民間企業でもだらだら残業するおかげで、日本のホワイトカラーの（時間当たり）労働生産性は主要国で最低水準だ。

ソフトウェア企業やネットメディアの多くは在宅勤務で、オフィスに決まった机のない企業も増えている。たとえば私の経営している株式会社アゴラ研究所には、残業代どころか勤務時間の規定もない。ほとんどの仕事はオンラインで自宅でできるので、全員が集まるのは週一回のミーティングだけだ。全員が契約社員で、他にも仕事をもっている。

ＩＴ企業だけでなく普通のホワイトカラーでも、裁量労働制をとるところが増えている。サービス業で一律に労働者を拘束するのは外食や流通の単純労働だけだ。時間で労働時間を計ることに意味があるのは、流れ作業ですきまなく働いている工場労働者だが、そういう賃金では日本は新興国と競争できない。今回の提案は「年収一〇七五万円以上」を対象にしているので、そういう単純労働は含まれない。

ひとりが同じ職場にべったり拘束されるのは企業にとって高コストになるだけでなく、労働者にとっても苦痛だ。職場にいつまでも残って残業代をもらうより、家族と過ごす自由な時間のほうが価値がある。雇用規制は社内失業している中高年を守る役には立つかもしれないが、雇用コストを高め、雇用創造を困難にする。今必要なのは、雇用形態を多様化して企業と労働者の自由度を高めることだ。

全員が同じ勤務時間で働くのは、たかだかここ二百年ぐらいの特殊な労働形態である。歴史の大部分では人々は必要なときだけ働き、時間は季節によっても地域によってもバラバラだった。機械制大工業になってから、時間は正確に同じで、人々は時計で同期をとって共同作業するようになった。工場では同じ時間に出勤して同時に仕事をしないと効率が落ちるので、資本家は労働者に時間厳守を要求した。工場では個人にノルマが与えられ、人々は限られた時間のなかで休む暇なく同時に働いた。

しかし脱工業化社会では工場が作業の場ではないので、人々は非同期的に行動する。時間は個人化し、労働者は同期から解放されて自由になったのだ。日本はもう「ものづくり」で成長することはできない。これからは創造的な仕事にふさわしい柔軟な働き方を、それぞれの職場で工夫する必要がある。残業代で労働者を遅くまで職場にしばりつけるのは、日本経済の行き詰まりを招いている工業社会の亡霊である。

非常勤講師を使い捨てる「ブラック大学」

二〇一三年に改正された労働契約法では、非正規労働者が十年を超えて勤めると、本人が希望すれば期間の定めのない「正社員」に転換しなければならないため、多くの企業で契約社員などを雇い止めする動きが広がっている。

大学の場合は今まで事実上無期限に勤務してきた非常勤講師が多いが、彼らも雇い止めされる。たとえば早稲田大学の場合は教員の六割、四〇〇〇人が非常勤だ。非常勤講師は「早大はわれわれを使い捨てるブラック大学だ」と批判している。

ある非常勤講師の場合は、一週間に一〇コマ掛け持ちしても年収は三〇〇万円程度で、ボーナスも昇給もないので、五十歳を過ぎても生活は苦しい。カリキュラムは毎年変わるので、いつクビになるかわからないが、大学の教師というのはつぶしがきかないので、本当にコンビニぐらいしか働き口がない。

私もいくつかの大学で非常勤講師をやったが、賃金はだいたい一コマ（九十分）で七〇〇〇円ぐらい。準備の時間や往復の交通費や試験などの事務にとられる時間を考えると、コンビニのアルバイトと大して変わらない。ところが専任講師や准教授になると実質的に終身雇用になり、教授になれば年収一〇〇〇万円を超えるので、常勤と非常勤の格差は非常に大きい。

こんなひどい差別があるのは、日本の大学だけである。文部科学省の調べによれば、アメリカの大学教員のうちテニュア（終身雇用資格）をもつのは六二パーセントで、助教授では一二パーセントしかいない。一流大学ほど要件はきびしく、ハーバード大学では二三〇〇人の教員のうちテニュアは八七〇人しかいない。それなのに日本では、准教授になったら一本も論文を書かなくても昇進し、早大の場合は七十歳まで雇用が保証される。

企業のサラリーマンは競争がないように見えるが、いろいろな部署に配置転換され、仕事のできない社員は左遷されるので、ポスト競争は強いインセンティブになっている。ところが大学教師は専門が決まっているので、仕事のできない教師を左遷することができない。授業も学生しか聞いていないので、勤務評定もほとんどない。だから日本の大学のレベルは、主要国でも最低なのだ。

文科省は来年度の概算要求で、一三校の大学を「スーパーグローバル大学」に指定し、世界の大学ランキングの上位一〇〇校以内に入ることを目標にして八〇〇億円超の予算を要求するという。しかしこのように研究者に競争がまったくない状態で、いくら補助金を出してもすぐれた研究が出てくるはずがない。

日本の大学は、最低品質のサービスを最高料金で提供する産業である。しかも一流大学も定員割れの大学も一律に私学助成が出る。その総額は約一兆五〇〇〇億円で、農業補助金に次ぐ。農業補助金が農家を甘やかして農業をだめにしたように、私学助成が大学を堕落させたのだ。助成金は大学ではなく成績優秀な学生に奨学金として出し、海外の大学にも行けるようにすればいい。グローバルに育てるべきなのは大学ではなく、人材である。

だから日本の大学の競争力を上げるのに、八〇〇億円の予算なんか必要ない。世界の大学がどこもやっているように、教授・准教授を含むすべての教員を任期制にし、テニュア審査に合格できない教員は契約を打ち切ればいいのだ。これによって非常勤講師も優秀な研究者は教授になることができ、論文を書かない教授はクビになる。大学の教師は、基本的に任期つきの「非常勤」というのが世界の常識である。

正社員の既得権保護が労働者を貧困化する

二〇一五年三月、労働者派遣法の改正案が閣議決定されたが、民主党は反対している。今は長期的に雇用されている専門職を三年で交代させる改正案（今回の修正で課を変えれば続けて勤務できることになった）もおかしいが、「すべての派遣社員を三年でクビにしろ」と主張している野党はもっと倒錯している。

日本の正社員は、この二十年以上、一貫して減っている。その原因は簡単である。正社員の規制が強すぎるからだ。新卒で雇うと定年までクビにできない正社員を、企業が避けるのは当然だ。派遣を規制しても正社員は増えないで、パート・アルバイトが増えるだけだ。次ページの図2のように、二〇〇七年には一四〇万人だった派遣社員は、民主党政権の規制強化で二〇一二年には九〇万人に減ったが、このとき正社員も減った。その後の人手不足で増えたのは、パート・アルバイトで一三四七万人。派遣社員の一〇倍近い。

正社員を増やすには、解雇を判例で実質的に禁止している曖昧な規制を改め、金銭などの

図2　日本の正社員と非正社員

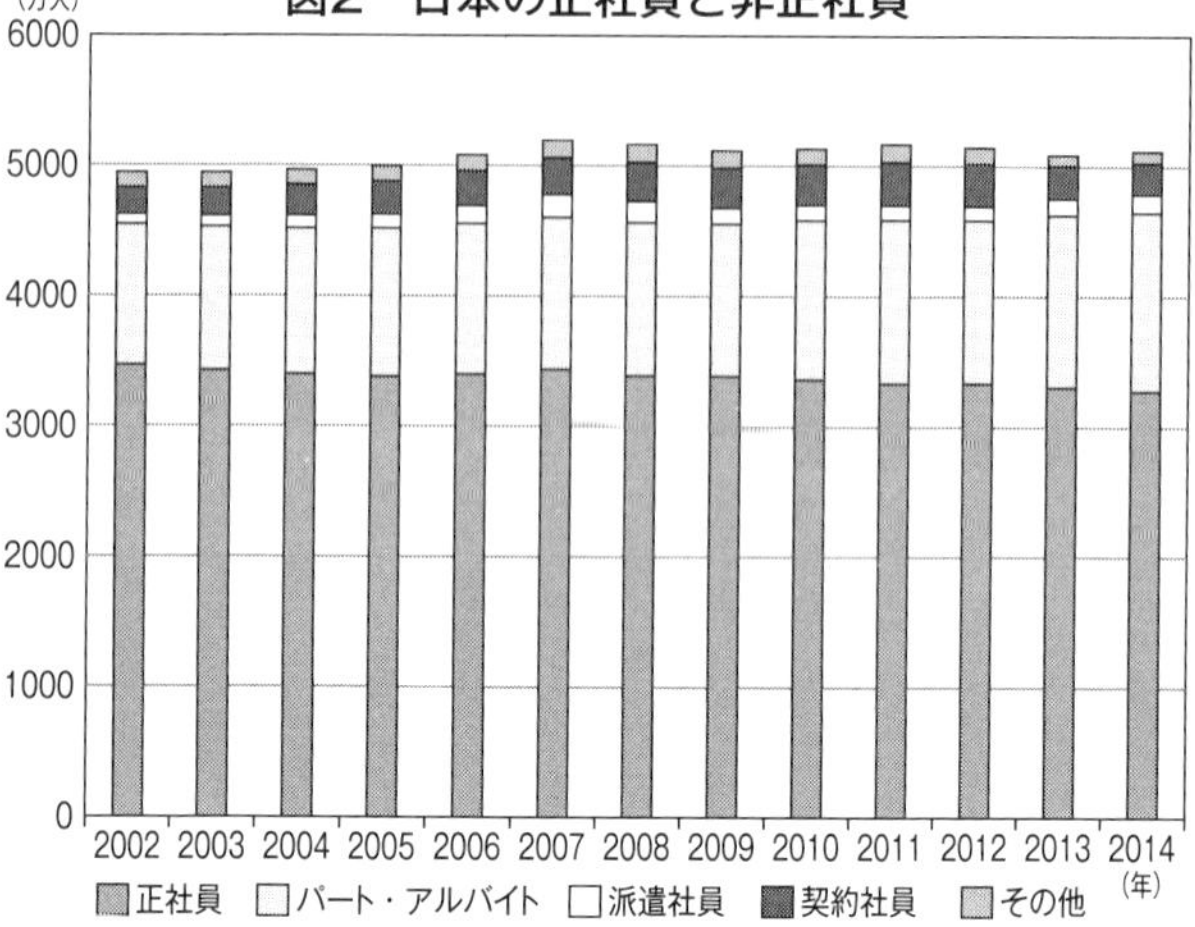

出所：労働力調査

条件つきで解雇を認める立法をするしかない。これがＯＥＣＤも日本に勧告している改革である。ところが、そういう規制緩和には労働組合が反対するので、厚労省は非正社員を規制で減らそうとする。自民党もマスコミの反対を恐れて及び腰だ。

日本で非正社員が労働者の四割近くまで増えたのは、労働がＩＴで定型化したからだ。たとえばスーパーのレジは、ＰＯＳで誰でもできるようになった。このように労働が脱熟練化する流れは止まらない。特に単純労働の賃金が新興国に引き寄せられて下がる日本では、非正社員の二倍近いコストがかかる正社員を増やす理由がない。

正社員が減るもう一つの理由は、日本人は

パートでもきちんと働くからだ。それだけ終身雇用の職業倫理が労働者のなかに定着しているのだが、これを利用して長時間労働させてクビにするのが「ブラック企業」だ。これを減らすには、労働市場を流動化して、クビになっても他の企業に行けるオプションを増やすしかない。

会社に一生、面倒を見てもらう時代は終わった。雇用の質を高めるには、正社員の規制を減らして非正社員との待遇の差を是正すべきだ。それなのに労働者の一七パーセントしか代表しない労働組合の意を受け、派遣社員の規制強化を主張する野党は救いがたい。

総力戦に協力した社会政策

厚生労働省がいつまでも正社員の既得権保護に執着する原因は、戦前からの国家社会主義が抜けていないからだ。大資本には無限に金があるので、国家が彼らの金を貧しい労働者に分配するという温情主義は、労働法学者にも根強い。

これは戦前からの大河内一男などの**「社会政策」**の伝統につながる。大河内は戦前の論文で、労働者を疎外して部品化する資本主義を批判し、「戦争は経済体制の戦時体制への編成を通じて社会政策を強度に押し進める」として、産業報国会を高く評価した（これらの論文は戦後はすべて絶版になった）。

そして戦後の占領統治でも、こうした左翼がGHQのニューディーラーに協力し、戦後復興の総動員体制ができた。それは不在地主や財閥を解体することによって、資本主義の中心を株式会社から銀行に移す国家資本主義だったが、総力戦体制は「一国資本主義」であり、グローバル化とともに行き詰まる。

金利を規制して資本コストを抑え、貯蓄を奨励して高い資本蓄積を実現した日本型の産業政策と産業金融は、目的関数がはっきりしており資本不足の時代には機能したが、資本過剰になるとその効率的な配分ができない。官民ファンドが乱立している状況は、総力戦体制の末期症状である。

こうした霞が関の家父長主義の源流は、社会政策の流れをくむ戦後リベラルと同じだ。高度成長で企業収益が上がっていた時代には、企業に雇用を保障させて年金・退職金で労働者を保護させる「日本型福祉社会」は、「高福祉・低負担」を実現するように見えたが、低成長になるとそんなシステムは成り立たない。企業年金は積立不足で破綻し、長期雇用をいやがる企業は非正社員を増やした。収益の低下した企業に、社会保障のコストを負担させるのはもう無理なのだ。

一九八〇年代までの労働省は「働き過ぎをやめましょう」というぐらいしか仕事がなかった。それが九〇年代以降の不況のなかで、雇用規制を緩和しようとする自民党と反対する労組の間で、良くも悪くも大きな役割を果たすようになった。かつての社会党のような左翼のコアがなくなり、厚労省が労組の代弁者にならざるをえなくなったのだ。官僚機構は厳格な年功序列なので、まだ私の世代に近い（マルクス主義の影響を受けた）温情主義の幹部が意思決定をしているために、雇用改革にも反対するのだろう。

第6章

進歩的文化人の劣化

かつて全面講和や安保反対に立ち上がった進歩的文化人は、南原繁、仁科芳雄、大内兵衛、都留《つる》重人《しげと》、丸山眞男など、学界の主流だったが、今「翼賛体制」に反対する声明を出して記者会見しているのは、テレビタレントやコメンテーターだ。もはや進歩的文化人という言葉が死語だろう。

学生運動が華やかだった六〇年代までは、大学生はまだエリートだった。アラブの「ジャスミン革命」でも見られるように、発展途上国では学生が知識人として大衆を指導することが多い。六〇年安保は、そういう典型的な「途上国型」の運動だった。しかし今では大学進学率が五〇パーセントを超え、私立大学の半分以上が定員割れだ。

このような知識の大衆化が知識人の劣化の最大の原因だろうが、それは他方では多くの大衆が情報ネットワークを通じて自由な言論活動ができるようになったことを意味する。かつては街頭デモや暴力によって発散させたエネルギーを、今ではインターネットが発散させているのかもしれない。

清水幾太郎の覇権と忘却

集団的自衛権をめぐる騒動は、六〇年安保に似ている。当時も安保条約なんてほとんどの人は知らず、新聞が「アメリカの戦争に巻き込まれる」という不安をあおって騒ぎを作り出したのだ。最初は一部の学生・知識人にとどまっていた運動が、一九六〇年六月の国会通過の数カ月前から、急に盛り上がった。そのきっかけが、全学連主流派（ブント）の国会突入だった。

清水幾太郎《しみずいくたろう》は、六〇年安保の主人公だった。今では忘れられた人物だが、当時は「今こそ国会へ」というアジテーションを発表し、全学連を支援する声明を出した。このときの騒動をのちに振り返って、清水は「何をやりたかったのか自分でもわからない」といっている。

戦中は読売新聞の論説委員として戦争に協力し、戦後はマルクス主義に近い立場をとった清水が、六〇年安保で「進歩的知識人」のまとめ役になったのは、共産党の人気が落ちたからだ。どの時代でも、彼はつねに主役として脚光を浴びていたいという欲望から逃れられなかった。

しかし六〇年安保が不発に終わったあと、彼は論壇の主役をはずれ、進歩派は吉本隆明のように極左に流れるか、丸山眞男のように書斎に撤退してしまう。しかし撤退すべき本業をもたない清水は、つねに注目を浴びようと「右旋回」を始める。彼は『諸君！』の常連になり、一九八〇年に発表した『日本よ国家たれ――核の選択』で大反響を呼ぶ。

清水の軌跡は、朝日新聞に重なる。戦時中は軍国主義だった朝日は、戦後は絶対平和主義に転向する。六〇年安保のときも、清水と同じように「安保条約は憲法違反だ」とか「強行採決は民主主義の破壊だ」という論陣を張ったが、条約の内容にはふれなかった。それは旧安保を日本にとって有利に改正するものだったからだ。

そして清水が『日本よ国家たれ――核の選択』を書いたころ、朝日新聞は原発推進の論陣を張る。これも動機は同じだ。「革新陣営」の賞味期限が切れ、「現実派」のほうが受けるようになったからだ。このころは石油危機の衝撃もあり、大江健三郎まで含む多くの人々が「原子力の平和利用」に希望を見出していた。

もし清水が生きていたら、今ごろ「原発ゼロ」の論陣を張っていることは確実だ。その動機は、原発推進から大転換を遂げた朝日新聞と同じだ。それが格好いいからである。原発が本当に危険かどうかとか、エネルギー供給がどうなるかには興味がない。彼の生き方は徹底したマーケティングだった。中身が正しいかどうかより、その入れ物が売れるかどうかが彼の関心事であり、つねに新しい包装紙を求め続けたのだ。

大江健三郎という病

大江健三郎と鎌田慧《さとし》が二〇一五年の三月十日に記者会見し、「日本の政治家には事故に対する反省や再出発という意思がまったくない」と批判した。大江八十歳、鎌田七十六歳。自分たちが科学的根拠のない放射能の恐怖をあおった反省もなしに開き直る進歩的文化人も、この二人の老人しかいなくなったようだ。

大江は、終戦直後に愛媛県の農村で聞いた新憲法の感動をいまだにもち続けている「大きな子供」である。彼は、沖縄の慶良間守備隊長だった赤松嘉次元大尉の遺族から、名誉毀損訴訟を起こされた『沖縄ノート』で、次のように記す。

> 新聞は、慶良間諸島で沖縄住民に集団自決を強制したと記憶される男［赤松元大尉］が、渡嘉敷島での慰霊祭に出席すべく沖縄におもむいたことを報じた。［中略］かれは二十五年ぶりの**屠殺者**と生き残りの犠牲者の再会に、甘い涙につつまれた和解すらありうるのではないかと、渡嘉敷島で実際におこったことを具体的に記憶する者にとっては、およ

そ正視に耐えぬ歪んだ幻想までもいだきえたであろう。（『沖縄ノート』P.208-211）

といった独特の悪文で、たった一つの新聞記事をもとにして、赤松大尉を（ナチの戦犯として処刑された）アイヒマンにたとえて罵倒する妄想が八ページにわたって延々と続く。この事実関係は、一九七三年に曽野綾子が現地調査を行なって書いた『ある神話の背景』でくつがえされた。赤松大尉は住民に「自決するな」と命じていたことが生存者の証言で明らかにされ、軍が自決を命じたと申告したのは遺族年金をもらうための嘘だったという「侘び証文」まで出てきたのだ。

にもかかわらず、大江と岩波書店は、それから三十年以上もこの本を重版してきた。彼らの人権感覚は、どうなっているのだろうか。訴訟に対しても、彼らは「軍が命令を出したかどうかは本質的な問題ではない」などと逃げ回っている。これは慰安婦について事実関係が反証されたら「強制連行は本質的な問題ではない」と論点をすり替える朝日新聞と同じだ。

一審の大阪地裁は「軍の命令があったと証拠上は断定できないが、関与はあった」という理由で原告の申し立てを退けた。これは「ノーベル賞作家」に配慮した問題のすり替えである。原告は赤松大尉が集団自決を命令したかどうかを問うているのであって、軍の関与の有無を争ってはいない。軍の関与なしに手榴弾を入手することは不可能である。

二審判決も事実関係を曖昧にし、命令があったかどうかはわからないが大江が命令を「真実と信じる相当の理由があった」という理由で、出版を差し止めるほどの事由はないとして控訴を棄却した（最高裁で確定）。確かに出版差し止めというのは、民主主義国では軽々に認めてはならないが、原告が差し止め訴訟を起こしたのは、大江側が記述の修正をしなかったからだ。

裁判を通じて明らかになったのは、赤松大尉は住民を「屠殺」するどころか、集団自決を思いとどまるよう伝えていたということだった。裁判では思わぬ事実も出てきた。大江を支援する先頭に立っていた金城重明牧師（元沖縄キリスト教短大学長）が、渡嘉敷島でゴボウ剣で数十人を刺殺したことを法廷で認めたのだ。こうした集団的な狂気が、どうして生まれたのかを追究するのが作家の仕事だろう。

戦争は軍部が暴走して起こしたもので、国民は無垢な被害者だという大江の幼稚な歴史観は、軍はすべて悪だという「平和憲法」的な思い込みでしかない。集団自決をもたらしたのは軍ではなく、人々を駆り立てる空気だったのだ。旗を振って戦勝を祝ったのは国民であり、それを積極的に煽動したのは新聞だった。彼らは戦後も解散させられることなく、責任を軍に押しつけてみずからの戦争犯罪に口をぬぐってきたのだ。

壊れゆく内田樹

かつて進歩的文化人の総本山だった東大法学部の影が薄くなってから、マイナーな大学教授が代役をつとめるようになった。その代表が、内田樹（神戸女学院大学名誉教授）だろう。彼の文章には特徴がある。「グローバリズム」やら「国民国家」とやらについて衒学《げんがく》的に語ることと、初歩的な誤りがたくさんあることだ。たとえば、ブログで彼はこう書く。

グローバル化に即応した「歴史の書き換え」が進行している。「慰安婦問題」や「南京事件」について**日本を免罪しようとする「自虐史観論者」**たちの語る歴史がそれである。彼らが「慰安婦制度に軍部は関与していない」とか「南京事件などというものは存在しなかった」ということをかまびすしく言い立てるのは、その主張が国際的に認知される見通しがあるからではない。全く逆である。

この短い文章に、大きな間違いが三つもある。第一に自虐史観とは「自国の歴史の負の部分をことさら強調する歴史観」を保守派の人々が批判するときに使う言葉であり、内田はその意味を真逆に取り違えている。

第二に「慰安婦制度に軍部は関与していない」などと主張する人は、どこにもいない。政府見解でも、軍が慰安所の設置などに関与したことは認めている。たぶん内田は、関与と強制連行の区別もつかないのだろう。

第三に「南京事件は存在しなかった」と主張している人もいない。南京で軍民の殺害事件があったことは歴史的事実である。問題はその規模を中国が「三〇万人」というのは、当時の南京市の人口が二五万人だったことから考えてもありえない、という人々がいるだけだ。

「壊れゆく日本という国」という記事では、彼は「『国民国家としての日本』が解体過程に入った」というのだが、その国民国家を壊しているのは「グローバル企業」だといい、トヨタを槍玉に挙げる。

トヨタ自動車は先般、国内生産三〇〇万台というこれまで死守してきたラインを放棄せざるを得ないと報じられた。国内の雇用を確保し、地元経済を潤し、国庫に法人税を納め

るということを優先していると、コスト面で国際競争に勝てないからであろう。［中略］
わが国の大企業は軒並み「グローバル企業化」したか、しつつある。いずれすべての企業がグローバル化するだろう。繰り返し言うが、株式会社のロジックとしてその選択は合理的である。だが、企業のグローバル化を国民国家の政府が国民を犠牲にしてまで支援するというのは筋目が違うだろう。

この「政府が国民を犠牲にしてまで支援する」というのは、彼によれば大飯《おおい》原発の再稼働のことらしいが、トヨタに電力を供給しているのは中部電力だから大飯とは無関係だ。経産省の試算によれば、原発停止によって三年半で一〇兆円以上の国富が失われた。内田はグローバル企業は「原発を再稼働させて製造コストを外部化」し、国民に負担させているのだというが、これは逆だ。

彼はトヨタの納税額を調べたことがあるだろうか。トヨタは二〇一四年三月には七六七八億円の法人税を払った。これは日本企業のトップであり、国税収入の一・五パーセントにのぼる。むしろ投資家からは、トヨタが義理堅く国内で納税し、グローバル化が足りないことが批判されているのだ。カネは印税のように降ってくるのではなく――グローバルだろうとなかろうと――企業で働いている人々が稼いでいるのだ。

日本はアメリカの属国か

古賀茂明と並んで左派の元官僚としてテレビによく登場するのが、孫崎享である。彼は元外交官だが、「アメリカ陰謀論者」として知られる。ベストセラーになった『戦後史の正体』は「戦後の日本の外交・経済政策はすべてアメリカの陰謀で決まり、それに逆らった首相はすべて失脚した」という陰謀史観である。

対米従属に徹した吉田茂が長期政権を維持した一方、GHQに抵抗した片山哲や芦田均《ひとし》などの政権は短命に終わった。しかしこれは占領時代なのだから、ある意味では当然だ。安保条約の本当の目的は、条約そのものより同時に締結された日米行政協定（現在の地位協定）にあったという。

これは日本国内の基地を米軍が自由に使用でき、日本が撤退を求めても撤退しなくてよいこと、米兵の裁判は米軍が行なうことなどを定めた協定で、その米軍の権益を守るのが安保条約だった。最初の条約は米軍の駐留を認める一方で日本を防衛する義務のない不平等条約だったが、それを改正したのが一九六〇年の新安保条約である。

ここまではいいのだが、安保を改正した「自主独立派」の岸信介が反政府デモで退陣したのはアメリカの陰謀だという。これは残念ながら、岸がＣＩＡから多額の資金援助を受けた工作員だったという事実と矛盾する。

ロッキード事件が日中国交を進めた田中角栄を倒すアメリカの陰謀だったという話も、逆にＣＩＡの失敗だったことがＣＩＡ文書で明らかにされている。ＣＩＡが日本の政権をあやつろうとしたことは事実だが、彼らは孫崎が信じているほど全知全能ではないのだ。

それ以降の話に至っては支離滅裂な憶測ばかりで、特に孫崎が経済政策を理解していないのは重症だ。ＴＰＰ（環太平洋パートナー協定）もアメリカの陰謀だというが、私が討論会で「陰謀をめぐらしている具体的な根拠を示せ」といったら孫崎は何も答えられなかった。

彼は鳩山由紀夫元首相の「東アジア共同体研究所」の理事だが、中国の脅威が増すなかで、そんな共同体が実現する可能性はゼロである。地位協定があるかぎり日本が属国だということは事実だが、日米同盟を破棄して、今の憲法で十分な防衛力が構築できるのか。

サンフランシスコ体制で植えつけられた平和ボケのおかげで、日本では左翼も右翼も戦争にリアリティをもてない。残念ながら、今の日本がアメリカから独立することは困難で危険である。そこには空想的平和主義か明治ナショナリズムかという感情的な対立しかないからだ。

白井聡の『永続敗戦論』は、団塊世代の被害妄想が団塊ジュニアの世代まで「遺伝」していることを示している。全体の論旨は目新しいものではなく、『戦後史の正体』と同じ被害妄想史観である。実質的な占領統治が続いているというのは多くの人の歴史認識であり、他ならぬ安倍首相がそれをもっとも強く意識している。彼のいう「戦後レジーム」は、白井のいう「永続敗戦状態」とほぼ同じだ。

それは白井や孫崎には屈辱だろうが、多くの日本人はアメリカの核の傘にただ乗りして平和と繁栄を享受してきた。むしろ問題は、この平和がいつまで維持できるのかということだ。白井は安倍首相を始めとする右派が憲法を改正しようとしてアメリカとの対立が深まるというが、これは逆だ。アメリカは極東の軍事的負担を軽減するために、集団的自衛権や軍事力強化で日本に自立を求めているのだ。

ただ日米同盟が終わるリスクが大きいという白井の予想は正しい。そのとき彼は日本が憲法を改正して、また対米戦争をやるという妄想を抱いているようだが、これも逆だ。今最大のリスクは北朝鮮の政権崩壊であり、そのとき起こりうる「第二次朝鮮戦争」に対して、日本はほとんど準備ができていない。彼はこういう「有事」のリスクにまったく関心をもたないで「アジアへの侵略責任」を語っている。

「プロメテウスの火」で人類は安全になった

小熊英二（慶応大学教授）は原発再稼働に反対するデモの「理論的指導者」で、その代表が首相に面会したときも同席していた。彼の本は冗漫なことで知られる。『〈民主〉と〈愛国〉』は九六六ページ、『1968』に至っては上下巻で二一〇〇ページだ。

二〇一二年に出た『社会を変えるには』も、新書としては異例の五一六ページもあるが、それはわかりきった話を延々と繰り返しているからだ。大部分は戦後の学生運動や市民運動の歴史のおさらいで、原子力については「原発で日本が破滅する」といった感情論が一〇ページ足らず書いてあるだけだ。彼は、明らかに原子力を理解していない。

肝心の「社会を変えるには」どうすればいいのか、という問いについては「みんなが共通して抱いている『自分はないがしろにされている』という感覚を足場に動きを起こす」といった無内容な演説が繰り返されるだけで、何をどう変えるのか、具体的なことはまったく書いていない。

その意味では、小熊は反原発デモの気分を表現している。社会に対して漠然とした不満を抱いている人々が、それをぶつける材料として原発を見つけたが、その先に何があるのかは彼らにもわかっていない。かつての学生運動には、曲がりなりにもマルクス主義という理念があり、それを組織化する党派があったが、このデモには目的も理念もない。

そして彼らは民主党政権の愚かな「原発ゼロ」政策を後押しし、日本経済に莫大な損害を与え、製造業は日本から出て行き、職が失われる。その最大の被害者は皮肉なことに、デモをしているフリーターだ。彼らが現代社会の行き詰まりにいらだつ気分はわかるが、それは原発のせいではないし、それを止めても「社会を変える」ことはできない。

朝日新聞の「プロメテウスの罠」という連載の趣旨には「人類に火を与えたのはプロメテウスだった。火を得たことで人類は文明を発達させ、やがて『夢のエネルギー・原子の火』を獲得する。しかし、いま人類は原子の火に悩んでいる」といったような内容が書かれている。こういう通俗的な科学批判はよくある。

原発事故をめぐって出てきた「現代思想」もどきの議論は、日本の「論壇」の衰退を露呈していて興味深い。原発事故までは何も知らなかった左翼文化人は、そこに新しい反権力のネタを発見して「脱原発」にとびついた。福島がチェルノブイリのような大惨事になることは確実だと思ったからだ。

彼らは「原子力村」を攻撃し、「子供の未来」を守る闘いを始めた。原発が悪であることは自明の理であり、それを擁護する「御用学者」は悪党に決まっているので、これは容易な闘いに見えた。こういう悪党を糾弾すれば、一市民が政府を倒す「正義の味方」になれる――そういう思い込みで多くの人が官邸デモに集まった。

開沼博の言葉でいうと、これは日本人の再「宗教」化だ。日本には狭い意味の宗教は少ないが、それは日本人がものを信じないからではなく、逆にまわりの人のいうことは何でも信じやすいからだ。社会的にも経済的にも行き詰まった状況で、変化を求める人々の不満が、反原発という宗教に結集したのだろう。

このように人々の感情的バイアスに迎合する手法は、マーケティングとしては正しい。人々を動かすのは事実ではなく感情だから、必要なのは科学的データではなく共通の敵である。神をもたないカルトはあるが悪魔をもたないカルトはないといわれるように、集団の外側に敵を作り出すことがオウムのようなカルトの最強のマーケティングなのだ。

反原発デモに参加して「原子力は人間のコントロールできない反自然のテクノロジーだ」

とか「原発とともに資本主義を廃絶しよう」などといっていた柄谷行人や「原子力もやめて光合成で生きよう」という中沢新一は、その後どうしたのだろうか。「被曝での死傷者が大量発生」すると予言していた内田樹には気の毒だが、福島では死傷者は出ていない。

現実は逆である。旧石器時代には、人々はあるがままの自然をコントロールせず、殺し合いを続けていた。このため人口は全世界で一〇〇万人以下、所得は年間一〇〇ドル以下だった。大部分の人間が飢餓や殺人で死んだ。それをコントロールし始めたのが農耕文化であり、人口と所得が数百倍に増えたのが十八世紀の産業革命以降だった。

スティーブン・ピンカーなども指摘するように、科学技術によって人類は安全になったのだ。核兵器の均衡によって、二十世紀後半は歴史上もっとも死亡率の低い時代になった。原発事故の死者は過去五十年で六〇人程度だが、石炭の大気汚染で毎年一〇〇万人が死んでいる。柄谷も中国へ行けば、石炭の脅威がコントロール可能かどうかわかるだろう。

技術はすべて「反自然」であり、それを一〇〇パーセントコントロールすることは可能でも必要でもない。明らかなのは、人間の生活が技術によって安全かつ快適になったということだ。必要なのは科学技術を拒否することではなく、それをコントロールできるように改良することである。

第7章

「オール野党」になった政治

日本の国会を「決められない政治」にした主犯は自民党だが、それを助長してきたのは無力な野党である。福島瑞穂（社民党）や阿部知子（民主党）などとテレビで討論すると、私の質問していないことを延々としゃべる。たとえば「一ミリシーベルトまで除染しろといっていたら、被災者は永遠に帰宅できないが、どうするのか？」と質問すると、「被災者の気持ちを考えろ」などと感情論を繰り返す。

そのうち、これは一種の芝居だと気づいた。彼らは私の目を見ないで、カメラに向かって演技している。その政策が実現されることを最初から考えていないので、政府は不純で自分は純粋なヒューマニストだという印象を視聴者に与えることが目的なのだ。

五五年体制でも与野党の対立はなく、国会が止まるのは芝居だった。法案を通すか修正するか継続審議にするかは国対委員長会談で決まり、場合によっては自民党が「国会対策費」で野党を懐柔した。国会は実質的な全会一致だった。小沢一郎は「自民党と社会党は地下茎でつながっていた」と評した。

「顧客志向」になったメディアと政治

政治が低俗になる一つの原因は、テレビが低俗になっていることだが、彼らはああいう番組をつくりたくてつくっているわけではない。民放の社員と話すと「商業主義」という言葉がよく出てくる。ワイドショーが低俗なのも商業主義、ニュースの情報がいい加減なのも商業主義、というように番組の質が低い言い訳に使われているのだ。

民放は就職偏差値が高く、高学歴の企業である。一流大学を出た彼らも、本当はNHKのような正論をのべる番組をつくりたいのだが、現実は逆に動いている。テレビ（特に民放）の視聴者はコンピュータやスマートフォンを使えない老人や主婦に偏る。この結果、ワイドショーやバラエティが増え、番組がますます低俗になり、このためにまともな視聴者が離れる……という悪循環になっているのだ。

これはテレビ局がプライドを捨て、**顧客志向**で正直になったともいえる。番組をつくるとき一番むずかしいのが、どういう視聴者を頭に描いてつくるかである。これを経済学の立地モデルで考えてみよう。たとえば東西に延びる海岸に海の家を開店するとき、どこが一番いいだろうか。

東端に建てると、競争相手の店はその西に建てれば、そこより西の客をすべて得る。そこで相手より西に建てると相手もその西に建てる……という競争が続き、海岸の中央に両方の店が建つ。ここより西に建てると、相手は東半分以上の客を取るので、ここで立地競争は終わる。

つまり顧客を最大化するには、東西のメディアンに店を建てることが合理的だから、店は真ん中に集まる。店の数が三以上になると、このモデルは厳密には成り立たないが、民放のような寡占市場ではメディアンが最適に近い。

民放の視聴者のメディアンは年齢でいえば六十歳ぐらいで、職業は無職（専業主婦や年金生活者）が多いので、民放のプロデューサーは「六十歳の専業主婦ならおもしろいと思うか」を想定してつくっている。ワイドショーの低俗さは、それを見ている視聴者の低俗さを反映しているのだ。

同じような現象が、政治にも起こっている。二〇一四年末の解散は政策論で考えると理解不能だが、政治的には合理的だった。二〇一五年の成長率はマイナスになりそうで、内閣支持率が低下するだろう。今のうちに何か理屈をつけて解散すれば、単独過半数は維持できる。向こう二年、今よりよくならないとすれば、今のうちに解散して被害を最小限に食い止めよう――という判断は、政治的には正しい。

わからないのは、野党の対応だ。どうせ自公政権は変わらないのだから、一つぐらい「予定通り増税して財政を健全化すべきだ」という党が出てくるかと思ったら、共産党から次世代の党に至るまで、すべて先送り賛成だった。

このようなポピュリズム（大衆迎合）の傾向は昔から指摘されてきたが、今回の選挙は特にひどい。国会も顧客志向になってワイドショー化し、消費税に敏感で政府債務には関心のない主婦が政治を決めるようになったのだろう。

これが民主主義というものだが、宿命というわけではない。元議員に話を聞くと、これは「小選挙区制が身についた」からだという。中選挙区制では多くの党が生き残れるので、良くも悪くも（少数派の支持する）正論を掲げることができたが、小選挙区制では絶対多数を取らなければならない。多くの選挙区では（共産党を除いて）二人の候補者で争うので、投票者の過半数が必要だ。

これは前に説明した立地モデルと同じで、政治学では中位投票者（メディアン・ボーター）の定理と呼ぶ。たとえば九九人の投票者が年齢順に一から九九まで並んでいるとすると、上からも下からも五〇人目の投票者に合わせることが合理的だ。

日本の有権者のメディアンは五十代だが、投票率は高齢者ほど高く、議員定数は高齢化した地方ほど多いので、中位投票者は六十歳ぐらいだから、どの党も六十代以上の喜ぶ政策を掲げることが合理的になる。この結果、老人が国会を乗っ取り、全政党がバラマキ福祉を約束する**老人独裁**が起こった。

小選挙区制にすると政策論争が起こるというのは間違いで、どちらの党もメディアンに合わせるため、政策の差は失われるのだ。一九九〇年代の選挙制度改革では、小選挙区制にすることが「政治改革」だと考えられたが、それは結果的には政治をさらに劣化させてしまった。

ガラパゴス化した国会

メディアはよく「強行採決」を批判するが、こんな言葉は日本でしか使わない。英米には「フィリバスター」と呼ばれる長時間演説をして議事を妨害する議員がいるが、その演説が終わると議長が審議を打ち切る。ところが日本では議院運営委員会や国会対策委員会で与野党の合意によって審議日程が決まり、議長がそれを無視すると「強行採決」と呼ばれる。与党も野党に配慮して抵抗の強い法案は後回しにするので、会期切れで廃案になってしまう。

このような世界に類を見ない慣行は、五五年体制の自民党単独政権のなかでできたものだ。閣議決定した法案は自動的に通るので、野党の唯一の抵抗手段は審議拒否で会期切れに追い込むことだ。したがって衆参のねじれが解消されても、国対で了承されない限り法案は通らない。与党もそれを利用して、党内で反対の強い法案は後回しにしてつぶしてしまう。

つまり日本の国会は多数決ではなく、実質的な全会一致なのだ。このため増税やスパイ防止法のように強く反対する少数派がいると国会に何度出ても流れ、コンセンサスの得やすいバラマキ福祉はするすると通ってしまう。このような慣行が残っている限り、利害対立の生じる「大きな変化」を避けて問題の先送りを繰り返す日本の政治の欠陥は直らない。

最大の問題は衆議院の優越が不十分な二院制などの憲法の欠陥だが、これを改正することは不可能に近い。小選挙区制が悪いという批判もあるが、首相が毎年代わるようになったのは、小選挙区制になった二〇〇〇年代に入ってからだ。最大の問題は、国会至上主義によって議院内閣制が機能していないことだ。

日本では、閣僚が国会に一日中しばりつけられる。野田首相は、就任中に百三十日間も国会に出席し、その間は国際会議にも出られなかった。このため、国会以外のスケジュールが異常に過密で、会議や面会も十五分ぐらいしかない。これでは「内閣を統括する」という首相の役割が果たせず、官僚の時間も大部分が国会の答弁づくりや待機といった非生産的な業務に費やされる。

日本人は、国会は「国権の最高機関」だから当たり前だと思うだろうが、これは世界に類を見ない**ガラパゴス国会**である（野中尚人『さらばガラパゴス政治』）。ヨーロッパでは、首相が議会に出てくるのは党首討論のときだけで、閣僚も担当する法案が審議されているときしか出てこない。ところが日本では閣僚が国会にずっと拘束されているため、日常業務は事務次官が仕切り、閣議はそれに「花押」を捺すだけのサイン会である。

この国会至上主義は、戦前の議会が軍部をコントロールできなかった反省によるものだが、私は政治家を国会に「監禁」して日常業務から隔離するために官僚が仕組んだのではないかという気もする。結果的に閣僚は官僚のロボットで、内閣は完成した法案を一字も修正できない。しかも提出した法案の審議日程さえ内閣が決めることができず、「国会対策委員長会談」という非公式の場で決まる。

このように政府の権限が弱く国会の権限が異常に強い制度は、法律で決まっているわけではなく、五五年体制でできた慣例だという。前述のように自民党の出した法案は採決すれば必ず通るので、野党の唯一の抵抗手段は審議拒否で国会を引き延ばしたり、会期切れで廃案に追い込んだりすることだけだった。自民党も、そこで譲歩することによって重要法案をスムーズに通したのだ。

このコンセンサス重視の構造は、かつての日本的経営に似ている。これは高度成長期のような「平時」にはよかったが、政権交代やねじれ国会で利害が対立する「有事」には意思決定が麻痺してしまう。

万年野党の伝統

こういう状況は、今に始まったことではない。日本の議会は、立法府としての役割を果たしていないのだ。行政実務は膨大で政治家の能力が低いので、八割以上の法案は内閣提出法案で、自民党も政務調査会の部会で文句をつけるだけだ。しかし与党と官僚だけで決めると国民の不満が出るので、国会で野党が分配を要求し、役所が省令や行政指導などで微調整する。

このように法律を曖昧にして実質的な政策は役所の裁量で決める**行政国家**は、明治憲法の手本にしたプロイセン憲法から受け継いだ伝統だ。ここでは主権者（国民）が行政をチェックするしくみがないので、彼らはマスコミを通じて「空気」を動かす。政治家はそれに反応するので、役所は空気に弱い。

明治憲法では帝国議会に立法権がなかったのでやむをえない面もあるが、戦後もほとんどの法律は内閣提出法案である。これは二大政党とか政権交代とは無関係で、二大政党の政権交代が機能していた戦前も、政友会が自民党で民政党が民主党みたいなものだが、具体的な政策にはあまり違いがないので、選挙違反や金のスキャンダルを暴くのがもっぱらだった。これは予算委員会で政治資金の話ばかりやっている今の国会と同じだ。

このしくみができたのは、明治十四年の政変で福沢諭吉や大隈重信などの交詢社のメンバーが反逆の容疑をかけられ、大隈とそのグループの官僚が罷免されたときだという（坂野潤治『日本近代史』）。このとき彼らの盟友だったはずの板垣退助が大隈を支援せず、自由党を結成した。

板垣や植木枝盛《うえきえもり》などの急進派は政府から排除されたドロップアウトなので、政権を取る気はなかった。彼らにとって議会は、政府に対して文句をいう苦情処理機関で、多数派になるのは拒否権を発動するためだった。ここでは「天皇の官吏」が立法府＝行政府で、議会はそれに文句をいうだけの万年野党だったのだ。

福沢や大隈はイギリス型の立憲君主制をめざしたが、井上毅《こわし》や伊藤博文などの保守派はこれを「主権は専ら議院に在りて、国王は徒《いたずら》に虚器を擁するのみ」として拒否し、プロイセン型の君主が実権をもつ憲法をめざした。この保守派と急進派の利害が一致し、井上は板垣などと連携して福沢・大隈グループを政権から追い出し、プロイセン型の明治憲法を起草した。

これは政変としては大した事件ではないが、その後百年以上にわたって日本の「国のかたち」を決める出来事だった。この「政策を決める官僚機構と国民に迎合する議会」という組み合わせが明治時代に定着し、今も続いている。自民党でさえ、政策立案は議会の仕事だとは思っていない。すべての政党が万年野党になる**拒否権型議会主義**は、明治十四年に生まれたのだ。

問題は政権交代ではない

万年野党の問題は戦後も議論になり、小選挙区制で政権交代を実現すべきだということで選挙制度改革が行なわれたが、自民党より劣悪な民主党政権が生まれただけだ。日本の議会政治は、官僚のつくった政策に地元利益を反映させる「与党内野党」と、そういう既得権の外側にいる労働者に再分配を求める万年野党という**オール野党**で、彼らは対決しているようでしていない芝居をしてきただけなのだ。

戦前の帝国議会は「二大政党の政権交代」があったが、機能しなかった。たとえば一九二八年の不戦条約の第一条に「国家の政策の手段として戦争を放棄することを其の各自の人民の名に於いて厳粛に宣言す」となっていることを民政党が取り上げ、「天皇を主権者とする大日本帝国憲法に反する不敬の規定だ」と田中義一内閣を攻撃した。この結果、条約は「人民の名においてという規定は日本には適用されない」という宣言をつけて批准された（筒井清忠『昭和戦前期の政党政治』）。

　このときは「不敬」を攻撃して天皇大権の不可侵を主張したのが、民間に近いはずの民政党だった。天皇というシンボルを利用して反対党を攻撃するレトリックを、大衆を基盤とする民政党のほうが利用した。

　戦前から日本の議会は、大衆にアピールする（どうでもいい）問題に熱中して、肝心の（むずかしい）問題は全会一致で通してしまうのだ。議会がストップをかけなければならなかった日中戦争も日米開戦も、帝国議会の議題にすらならなかった。

　戦前の一時期、二大政党が存在しえた最大の理由は、伊藤博文のつくった「御用政党」である政友会に対して、大正デモクラシーとともに育った民衆の声を代表する民政党という階級対立が、それなりにあったことだ。反・政友会の諸派を寄せ集めてできた民政党は、今の民主党に近い。もちろん議院内閣制ではないので限界はあるが、一九二〇年代まではそれなりに二大政党が機能した。

それを破壊したのは、三〇年代の大恐慌と、それにともなう軍部の勢力拡大だ。満州事変に対して民政党内閣はただちに不拡大方針を表明したが、軍部の戦線拡大は止まらず、二大政党が「協力内閣」を組織して軍部を阻止しようとするが、政友会は議員総会で「満蒙は帝国の生命線」とする決議を採択し、民政党内閣は倒れる。これに代わった政友会の犬養内閣は五・一五事件で倒れ、二大政党の時代は終わる。

このあと「挙国一致」を理由にしてすべての政党が解散し、大政翼賛会に合流する。これは政友会が軍部と連携して一党支配を強めるための偽装解散だったが、先頭を切って軍部に協力したのは、民政党に次ぐ大勢力となっていた無産政党だった。彼らは、国家総動員法などの統制経済こそ社会主義への道だと考えたからだ。日本でも、ファシズムの尖兵になったのは左翼だった。

しかし大政翼賛会による内閣が軍部独裁に見えなかったのは、首相に近衛文麿が就任したからだ。近衛には国民的人気があったが、政党にも官僚機構にも軍部にも足場がなかったため何もできず、軍部が勝手に戦線を拡大し、東條陸相が日米開戦を決めても止めることができなかった。

過剰な民主政治

地元利益やゼロリスクを求めるフリーライダーは、民主政治の病である。短期的なメリットがわかりやすく長期的なコストがわかりにくいとき、前者だけを追求して後者は政府に負担させるモラルハザードは、日本だけの現象ではない。

アメリカでも、戦後の成長期に創設された年金や医療などの**エンタイトルメント**は、戦費のような裁量的経費とは違って、削減しない限り増え続ける。そしていったん生まれたエンタイトルメントは大きな既得権となり、それを守る利益集団が政治家を動かす。それを削減しようとする政治家は選挙に勝てない（ハバード他『なぜ大国は衰退するのか』）。

これは行動経済学ではおなじみのバイアスだ。現在の利益に対して将来のコストを過小評価し、損失を回避して将来もっと大きな損失をまねく。先送りを永遠に続けられないことは誰でも知っているが、自分の世代は食い逃げできると考える。

その意味で日本の財政危機は特殊なケースではなく、民主政治が特に劣化していることを示すにすぎない。日本にはエンタイトルメントを削減すべきだという党がないので、このままでは二〇三〇年代に政府債務はＧＤＰの四倍を超える。それまでに財政が破綻することは明らかだが、政治家は増税を回避して「景気回復」で財政を再建する夢物語を語る。

利害の対立する財政問題から逃げるために、政治的に容易な金融政策に頼るのも、劣化した民主政治の特徴だ。安倍政権は、予算を一円も使わなくても輪転機を回すだけで景気を回復できる魔法があると、国民に信じ込ませようとしている。

日本がアメリカにキャッチアップしていたころは、問題は先送りすれば成長が解決した。しかし今は逆に、負担は先送りするほど大きくなる。このような政府のリスク回避的な政策は、国民に蔓延《まんえん》する後ろ向きの姿勢の反映だ。日本は百五十年前の幕末と似たような状況にある。

こういう**過剰な民主政治**は、歴史的にもよく見られる。ヨーロッパでもポーランドやハンガリーなどは寡頭政治だったため、軍事力が弱かった。武士による寡頭政治だった日本は軍事的には東欧よりはるかに弱体だったので、もしヨーロッパに位置していたら征服されていただろう。幸い中国が侵略的ではなかったので、天皇制という名目的な君主をまつり上げた実質的な共和制が続いた。民衆の不満は百姓一揆などの形で「ガス抜き」しながら徐々に軌道修正し、一揆は検地（増税）反対などの既得権保護を要求し、権力を取ろうとはしない。

憲法を超える「空気」

こういう伝統は、明治以降の議会政治にも受け継がれた。帝国議会の「国体明徴」をめぐる下らない論争を同時代に経験した丸山眞男は「戦前において天皇制の思想的支柱をなしたのは教育勅語の方であって、憲法ではなかった」という（「昭和天皇をめぐるきれぎれの回想」）。

これは意外な感じがするが、戦前の学校教育で教えられたのは教育勅語の儒教思想であり、明治憲法の立憲主義ではなかったという。戦後に美濃部達吉が名誉回復されたとき、新しい憲法の制定に反対したのも同じ理由だった。

明治憲法は絶対君主制を否定し、天皇を法の支配を受ける立憲君主とした（九条）。国民は不当な手続きによる逮捕監禁を受けない権利をもち（二三条）、司法の独立も定められた

（五八条）。もちろんその立憲主義は不徹底で「天皇大権」を拡大解釈する余地が大きかったが、

昭和前半期の官憲の反動化は、明治憲法**ゆえに**、というよりは明治憲法**にもかかわらず**――つまり憲法が保障し、またその下での刑事訴訟法でも明記されていた法手続の無視あるいは蹂躙を通じて進行した、ということも楯の反面の事実として忘却してはなるまい。（『昭和天皇をめぐるきれぎれの回想』、強調は丸山）。

戦前の暴走が明治憲法にもかかわらず起こったとすれば、その「空気」が変わらない限り、新憲法でも「法手続の無視あるいは蹂躙」は起こりうる。それが原発再稼働をめぐって民主党政権のやったことだ。

憲法を超える「空気」は、戦前も今も変わらない。それをかつて右翼は「国体」と呼んだが、戦後は「国民感情」に変わっただけだ。それは憲法を改正しなくても変えることができるが、憲法改正よりはるかに困難である。それが本質的な問題だということに、ほとんどの人が気づいていないからだ。

第8章

戦後リベラルの栄光と挫折

左翼は、昔からだめだったわけではない。終戦直後には、左翼は恐れられる存在だった。マッカーサーが日本の統治者として来たとき、近衛文麿は「軍閥を助長したのはマルキシストである」として、共産主義から日本を守ることが最大の課題だと訴えた。

ＧＨＱの主流だった民政局のニューディーラーは、軍国主義の影響を残す自由党からも共産党からも距離を置き、進歩的な社会党に期待した。当初ＧＨＱは、民政局の影響で容共路線をとり、獄中にいた共産党の指導者を釈放したが、一九四七年の二・一ゼネストを境に「逆コース」をとり始めた。

アメリカとソ連は第二次世界大戦をともに戦った連合国であり、共同でポツダム宣言を出した。ルーズベルトとスターリンの個人的な信頼関係は強く、枢軸国を再起不能な状態に追い込むことが彼らの共通の目的だった。今「戦後レジーム」と呼ばれるのは、このわずか三年足らずの蜜月の時代である。

「悔恨共同体」からの出発

終戦直後に知識人を結束させたのは、丸山眞男が**悔恨共同体**という卓抜なネーミングで表現した、知識人の自責の念だった。戦争がおかしいと思いながらも止めることができなかったという悔恨が、戦後の知識人の出発点だった（『近代日本の知識人』）。

彼は、明治以降の日本の知識人が広く連帯した経験は三度あったという。明治時代の自由民権運動と一九三〇年代のマルクス主義と終戦直後である。自由民権運動で結びついたのは、中江兆民が『三酔人経綸問答』で描いている洋学紳士（絶対平和主義）、豪傑君（対外的膨張主義）、そして南海先生（立憲主義）の三者だった。彼らは一時は民権運動でともに闘ったのだが、やがて洋学紳士は大学へ、豪傑君は軍へと別の道を歩み、二度と会うことはなかった。

二度目はマルクス主義だった。戦前の共産党は党員数十人のマイナーな党派だったが、マルクス・エンゲルス全集が一冊一二～一五万部も売れるほど、日本の知識層に与えたマルクス主義の知的な影響は大きかった。それもヨーロッパの労働党や社民党のような改良主義ではなく、ロシア革命の**ボルシェヴィズム**が正統とされた。

これはソ連という国家が成立したという権威もさることながら、明治期の日本の「開発独裁」的な政治体制と共通するものがあったのだろう。だから暴力革命で天皇制を倒そうとした共産党は弾圧されたが、岸信介などの「革新官僚」は北一輝の国家社会主義に強い影響を受けた。

北の『日本改造法案大綱』の内容はそれほど独創的ではなく、天皇制の部分以外はほとんどどロシア革命の模倣である。岸が満州で建設したのも国家社会主義のユートピアであり、社会主義を標榜《ひょうぼう》した無産政党は、大政翼賛会に先を争って参加した。つまり戦前の日本では、戦時体制という形で上からの社会主義革命が行なわれたともいえる。

そして三度目が、終戦直後の講和条約をめぐる論争だった。憲法改正や再軍備には、社会党だけでなく宮沢喜一など自民党内のハト派も反対した。一九五〇年代にはまだ服部卓四郎のクーデタ計画など物騒な動きがあり、警察予備隊の幹部の半分以上は旧日本軍の将校だった。その歯止めとして憲法を厳格に解釈することは、五〇年代まではそれなりの意味があったのだ。

悔恨共同体は政治の主流には一度もなったことがないが、知識人や「論壇」のなかでは一貫して主流だった。これが野党の唯一の対抗軸となり、他にまともな政策がなくても「憲法を守れ」というだけで一定の得票が見込めた。

しかし悔恨共同体の限界は、まさにそれが「悔恨」によって幅広い知識人を結びつけた点にあった。悔恨は戦争体験とともに風化し、「否定の情熱」だった民主主義は制度化され、知識人はもとのタコツボに戻ってしまう。こうして悔恨共同体は消えたが、その劣化した「日本的リベラル共同体」は野党やマスコミなどの亜インテリに残った。

冷戦が終わり、成長が止まると、野党が壊滅する一方で、「自由陣営を守る」ことしか取り柄のなかった自民党も存在意義を失った。イデオロギー論争に代わって「都市／農村」とか「現役世代／年金生活者」といった利害対立が先鋭化したが、朝日新聞はいまだに終戦直後の「戦争か平和か」というアジェンダ設定を脱却できない。

そして、久しぶりに幅広いリベラル共同体を復活させたのが、三・一一だった。「五十年ぶりにデモに来た」という柄谷行人に象徴されるように、絶滅危惧種だった日本的リベラルが反原発という結集軸をもったように見えたが、それは鼻血に騒ぐようなマス・ヒステリーに劣化し、知性ある人々の支持を失った。

全面講和のユートピア

終戦直後の知識人は「全面講和」を掲げて闘った。ソ連は北方領土の不法占拠を続けたまま講和条約の交渉を打ち切ったので、「単独講和」以外の選択はなかったのだが、東大法学部から共産党まで「非武装国家」の理想を掲げて「米ソを仲介する中立国家」をめざした。その後も六〇年安保闘争までは政府と拮抗する勢力だった。論壇のなかでは圧倒的主流であり、知識人と左翼はほとんど同義語だった。その中心だった平和問題談話会の声明は、次のようにのべる。

日本の経済的自立は、日本がアジア諸国、特に中国との間に広汎、緊密、自由なる貿易関係を持つことを最も重要な条件とし、言うまでもなく、この条件は全面講和の確立を通じてのみ充たされるであろう。伝えられる如き単独講和は、日本と中国その他の諸国との関連を切断する結果となり、自ら日本の経済を特定国家への依存及び隷属の地位に立たしめざるを得ない。

ここでいう単独講和はサンフランシスコ条約（および四八カ国との講和条約）のことで、「全面講和」とは中ソを入れた講和条約のことだ。彼らのいう通り、日本政府が全面講和できるまで日米の講和条約を結ばなかったら、いまだに日本は独立できていない。中国とは一九七八年に平和友好条約を結んだが、ロシアとはまだ正式の平和条約を結んでいないからだ。

その後の六〇年安保も不平等条約の改正であり、何が悪いのかさっぱりわからない。反対運動の中心だった丸山も、のちに「あれは条約ではなく強行採決に反対したのだ」と弁解している。彼は六〇年安保を最後に政治活動から身を引き、後年はこの時期の活動についてはほとんど語らなかった。

それは「知識人と政治の連帯した終戦直後の啓蒙時代」といわれるが、実際にはそんな美しいものではなかった、と彼はのちに述懐している。彼が書いた「三たび平和について」という論文の第一・二章は、その後も日本の平和主義の元祖として、よく引用される。彼が全面講和を主張した理由は、次の五つだ。

1. イデオロギーの対立は直ちに戦争を意味しない
2. イデオロギーと武装権力としての現実の国家との間には、ギャップがある
3. 自由民主主義と共産主義という図式以外に他の次元での対立が交錯している
4. 世界の有力国が必ずしも米ソの対立と同じ幅と深さで対立しているわけではない
5. 米ソ両国とも極力全面的衝突を回避しようとしている

今読むと、その後の冷戦の深刻化をまったく見通していない。特に奇妙なのは、朝鮮戦争が一九五〇年六月に始まり、この声明が九月に書かれて十二月に発表されたのに、朝鮮戦争についての直接の言及が一度もないことだ。

これについては丸山は後年ほとんど語っていないが、一九七七年に行なわれた講演では「今からみると批判があるだろう」とか「当時の雰囲気を考えないとわからない」といい、のちには「どちらが先に攻撃したかは重要ではない」などと言い訳している。

この声明は彼の論文ではなく談話会の意見集約だから、全員の合意を得ようとすると、当時の論壇の主流だったマルクス主義に配慮しなければならない。特に京都の分科会は左派の影響が強く、戦争を起こしたのは韓国だと主張した。戦争に中立はありえないというのが彼らの立場だから、むしろ米韓を批判すべきだという。

それに対して右派は、「左派のいう平和路線は戦術的なもので、最終的には革命戦争を目的にしている」という。つまりマルクス主義を軸にして意見が対立したため、丸山としては何も言及できなかったわけだ。

これは当時の雰囲気が今ともっとも違う点で、論壇ではマルクス主義が圧倒的な主流で、経済学といえばマル経だった。理科系でも、民科（民主主義科学者協会）などの左派の影響が強く、私の学生のころまでエンゲルスの『自然弁証法』というトンデモ本が読まれていた。戦前の「空気」に抗した丸山も、さすがに戦後の知識人の「空気」には勝てなかったわけだ。

こういう政治的配慮で生まれた全面講和論は、むしろ「社会主義陣営に入れ」という人々と、それを拒否する人々の妥協点として「非同盟」を打ち出したのだ。これは丸山も強調するように「五〇年ごろの雰囲気の産物」であり、それは啓蒙時代というより、知識人が社会主義を中心に動いていた政治の季節だった。

当時の論壇誌を見ると、『世界』に一九四六年から六〇年までに登場した執筆者の上位は、都留重人、大内兵衛、清水幾太郎、中野好夫、有沢広巳、脇村義太郎などとなっている。マルクス主義者が多く、丸山は上位二十位にも登場しない（竹内洋『丸山眞男の時代』）。

丸山の有名な「超国家主義の論理と心理」も、発表された一九四六年にはそれほど読まれたわけではない。彼の『現代政治の思想と行動』が出たのは一九五六年だが、当時はそれほど売れたわけではない。

「重臣リベラリズム」の限界

東大法学部の教授がそろって政治運動に署名するのは異例だった。戦前にもそういうケースはほとんどなく、三〇年代前半まで立憲君主制を守ったのは、リベラルな官僚などのエリートだった。丸山はそれを**重臣リベラリズム**と呼んでいるが、その岐路は一九三五年の天皇機関説事件だった。

右翼の「国体明徴運動」が議会やマスコミで高まると、リベラルたちは沈黙し、文部省は「国体の本義」を出し、明治憲法は万世一系の「現人神《あらひとがみ》」による統治に変質していった。軍部に対抗する立憲主義の拠点だった昭和天皇は結局、軍民の作り出す「空気」に抵抗できなかった。一九四六年に「超国家主義の論理と心理」を書くなかで、丸山はその限界に気づく。

半年も思い悩んだ挙句、私は天皇制が日本人の自由な人格形成――自分の良心に従って判断し行動し、その結果にたいして自ら責任を負う人間、つまり「甘え」に依存するのと反対の行動様式を持った人間類型の形成――にとって致命的な障害をなしている、という結論にようやく到達したのである。(「昭和天皇をめぐるきれぎれの回想」)

この論文で彼は「無責任の体系」を生み出した原因を天皇制に求めたが、それは講座派マルクス主義のいうような絶対君主制ではない。むしろまったく権力をもたない天皇がこれだけ大きな精神的権威をもった点に、その特徴がある。天皇はつねに臣下の上奏を受けて「しらす」とか「きこしめす」という受け身の形で意志を表明するので、意思決定はボトムアップであり、国家としての目的がないのだ。

だから重臣リベラリズムが軍部に抵抗する力は、最終的には天皇の精神的権威に依存していた。官僚機構の主流だった立憲主義的な知識人は、大衆の支持を背景にして勢いを増す軍部や右翼に対抗する権力をもたなかった。明治憲法に記されている天皇の大権の中身は、上奏を事後承認する権限でしかなかったからだ。

こうした反省から戦後の知識人は、日本を戦前に引き戻そうとする自民党に対抗して連帯した。今では信じられないだろうが、一九五〇年代には日本が戦争に戻るという危機感がまだあったのだ。

大衆を動かすのはジャーナリズムだから、そういう場にも出て積極的に世論を形成した。その政治的な基盤として必要なのは無力なインテリではなく、自発的結社としての労働組合だ。戦前の左翼もリベラルもバラバラに闘ったので、結局は戦争を止めることができなかった。今度は多少の意見の違いは捨てて団結しよう——というのが悔恨共同体に共通する心情だった。

構造改革派の追放

終戦直後には、マルクス主義の政治的影響力も大きかった。一九四五年にはわずか一〇〇〇人だった共産党員の数は一九四〇年代後半に激増し、一九五〇年には一〇万人を超えた。東大や一橋大などの学生の政党支持率でも、共産党が三〇パーセントを超えてトップだった。

しかし一九五〇年に「コミンフォルム批判」で共産党が主流派（所感派）と国際派に分裂し、主流派が火焔《かえん》瓶闘争などの極左的な方針を打ち出した。これは当時のコミンフォルム（ソ連）の方針に従うものだったが、当然のことながら政治的には大失敗となり、共産党は壊滅的な打撃を受けた。

自民党政権に批判的な人もさすがにこれにはついていけず、共産党からも多くの知識人が離党した。こうした混乱は一九五五年の六全協（第六回全国協議会）で収拾されたが、極左的な学生は共産主義者同盟（ブント）を結成し、これが六〇年安保の全学連主流派になった。

他方、共産党の幹部党員のなかの右派は**構造改革**と呼ばれるグループに集まった。その中心が安東仁兵衛、上田耕一郎、不破哲三（不破はペンネーム。上田耕一郎の実弟）などだが、のちに上田兄弟は主流派に戻った。安東などの右派は離党して『現代の理論』を中心とした現実路線を提唱し、社会党の江田三郎などがこれに合流した。

世界的に見ると、イギリスの労働党やイタリアの共産党などはこういう社民路線で、この時期に社会党が構造改革に転換していれば、健全野党になっていたかもしれない。しかし社会党のなかでも、向坂逸郎《さきさかいつろう》などの社会主義協会が主流になり、教条的なレーニン主義を守った。江田などは一九七七年に社会市民連合（のちに社会民主連合）として離党した。

これは労組という基盤がないため大きな勢力にはなれなかったが、その立党宣言である「明日の日本のために——市民社会主義への道」には、こう書かれている。

市民社会主義を創造し、それを担う人々、市民社会主義のエートスを表現する人間類型は自立的市民である。自立的市民とは労働者や農民と区別され、対置される特定の階級、階層を意味するカテゴリーではなく、あらゆる階層をつらぬいて、共同体への埋没や組織への従属から解放され、自主的な判断、公的、社会的な関心、市民的な自発性をもち、かつそれを可能とする一定の余暇と教養をそなえた、人間類型を意味する。

これは七〇年代に流行した内田義彦や平田清明などの市民社会論の影響を受けている。封建社会を「共同体への埋没」ととらえ、そこから個人が自立することを市民革命の本質と考えた市民社会論は、近代主義のマルクス版だった。構改派の学生組織だった「フロント」の拠点は、東大と慶應だった。仙谷由人はその東大組織の幹部で、菅直人は社民連の創立メンバーだった。つまり民主党の祖先には、構改派の「市民社会主義」があったのだ。

構造改革は、欧州では「ユーロコミュニズム」として政権をとる勢力になったが、日本では主流になれなかった。「心情の純粋性」を重んじる日本人にとっては、生産手段の国有化を否定し、議会を通じて改革する構改派の方針は不純に見えたのだろうが、実は構改派の本質はそういう改良主義ではなく、上の文書に見られるような近代主義だった。

構造改革というのはトリアッティなどイタリア共産党が提唱した改良主義的な路線で、今思えば普通の社民路線なのだが、日本ではマルクス=レーニン主義が左翼の本流だったため、社会党からも共産党からも「右派」として排除された。

こういう左傾化の傾向は日本だけではなく、二十世紀の初めから右派と左派の闘いは続いていた。革命が最初に起こると思われていたドイツで支配的になったのは、カウツキーの率いる社民党だった。これに対してマルクスが『ゴータ綱領批判』などで極左的な方針を出したので、社民路線は「修正主義」とバカにされた。

今読むとゴータ綱領やエルフルト綱領は普通選挙や社会保障などを提唱した先駆的なものだ。のちにワイマール共和国で政権を取ったのも社民党で、共産党はドイツ革命に失敗して崩壊した。

つまり普通に考えれば、マルクスの後継者はカウツキーなのだが、彼を修正主義と批判したレーニンが革命に成功したため、極左路線が世界的に強い影響力をもった。客観的に見れば、ロシア革命はマルクスとはほとんど無関係なツァーリズムによるクーデタだが、この成功が各国の左翼に強いバイアスを与えたのだ。

レーニンが正しいと信じていた人は少ないが、何といっても現実に世界の大国が社会主義で動いている事実は大きかった。このため多くの人が、レーニン主義を現実的な選択肢と錯覚したのだ。

日本でも労働組合に左翼バイアスが強く、社民が主流になったのは九〇年代だった。そのころには社会主義が崩壊し、左翼に対する幻滅が広がっていたので、構造改革は日本には根づかなかった。このように構造改革派が挫折したことが、日本で健全野党が育たなかった大きな原因だ。

六〇年安保の挫折

しかし左翼は、はたして当時の政治的多数派だったのだろうか。竹内洋『革新幻想の戦後史』によれば、当時の世論調査などのデータはその逆を示している。こうした革新派の中心だった岩波書店の『世界』はピーク時には一五万部も売れたが、総合雑誌のトップはいつも『文藝春秋』だった。『世界』がもっとも売れた一九五一年でも月刊誌のランキングの二三位だったが、一位は文春で『中央公論』が一一位だった。

一九五〇年に朝日新聞が行なった世論調査では、単独講和支持が四五・六パーセントに対して、全面講和支持は二一・四パーセントだった。そして『世界』の購読者は、平和問題談話会の声明を掲載したころをピークに、減少したのである。

一九五九年の世論調査でも、自民党の支持率は四六パーセントだったのに対して、社会党は二三・八パーセントだった。この年に行なわれた参議院選挙で社会党は敗北し、岸内閣の支持率は三四パーセントで、安保条約の改正に賛成が国民の多数派だった。

しかし岸内閣が一九六〇年五月十九日に安保条約の改正を強行採決したことで、流れが変わった。そして六月十五日には、東大生樺《かんば》美智子がデモで死亡し、安保反対運動が急速な盛り上がりを見せた。このあと一〇〇万人が国会を包囲したが、このときが日本の戦後左翼のピークだった。

岸はこのとき「国会周辺は騒がしいが、後楽園球場は満員だ」と言い放ったが、岸が正しかったのだ。一九五二年の安保条約は不平等条約であり、それを改正することは当然だったのである。安保条約は、日本がアメリカの軍事力にただ乗りする代償に、在日米軍が基地を自由に使えるようにしてバランスを取っていた。当時は日米同盟の大前提として、ソ連という共通の大きな脅威があったので、安保条約は日米防共協定ともいうべきものだったが、その権利も義務も曖昧だ。この状態をあらためて日本が軍事的に自立し、日米同盟を双務的な条約として機能させることが岸の目的だった。

新安保条約が自然成立した後、岸内閣が総辞職すると、安保反対のエネルギーは目標を失い、池田勇人首相のもとで行なわれた総選挙で、自民党は三〇〇議席を超えて圧勝した。

このころ、はやった歌が「アカシアの雨がやむとき」（水木かおる作詞、藤原秀行作曲）である。

アカシアの雨にうたれて
このまま死んでしまいたい
夜が明ける　日がのぼる
朝の光りのその中で
冷たくなった私を見つけて
あのひとは涙を流してくれるでしょうか

これは全学連の闘士の「挫折」を歌ったものとされて流行した。そのころ日本最高の知的エリートだった六〇年ブントの指導者のうち、生田浩二、姫岡玲治（青木昌彦）、西部邁などは近代経済学に転向し、唐牛《かろうじ》健太郎や島成郎《しげお》などは辺境の地に落ち延びた。彼らはマルクス主義が日本では受け入れられないことに気づき、柳田国男などの日本人についての研究が流行した。

社会主義あるいは共産主義との対決が、六〇年代までの政治の最大の争点だった。平和勢力の中心だった丸山眞男は「アメリカと同じぐらいソ連や中国は信用しない」といいつつも「反共という言葉には拒否反応がある」といい、自分は「反・反共」だとのべている。それは戦前に反共という言葉が反政府勢力を弾圧するのに使われた記憶からだった。

他方、岸は「私有財産を否定する点では共産主義に共感する」といいつつ、「自由な言論を守るために共産主義には断固反対して自由主義を守る」という。奇妙なことに、丸山は自由な言論を守るために容共の立場をとったのに対して、同じ理由で岸は反共になった。

この結果、戦後のイデオロギー対立は、自由より平等を重視する社会主義圏と、その逆の自由主義圏という論争になったが、これは大きな誤解だった。マルクスは分配の平等を求めたことは一度もない。彼の追求したのは「自由の国」だったのである。

彼らがともに誤解していたのは、共産主義をレーニン＝スターリンのボルシェヴィズムと等置したことだ。それはツァーリズムの嫡子だから「一君万民」の中国でも成功したが、それ以外の国で成功する見込みはない。労働者を貧困から救ったのは労働組合の階級闘争ではなく、自民党の守った資本主義による経済成長だった。

左翼の母体だった労働組合は、毎年の春闘で賃上げを要求する**分配共同体**となり、政治的な戦闘性を失った。丸山は、日本のような貧しい国では労働組合が公正な分配を実現する「自発的結社」として機能する必要があると考えていたが、労働者を豊かにしたのは労働組合の階級闘争ではなく、自民党の守った資本主義による成長だった。彼は「高度成長をまったく予想できなかった。それが政治学を廃業した理由だ」と語っている（『自由について——七つの問答』）。

第9章

左翼はなぜ敗北したのか

終戦直後の日本の知識人は、ほとんど左翼と同義といってもよいが、当時のアカデミズムの中心だった知識人の意見がまったく政治を変えることができず、既得権の擁護と対米追従しか政策のなかった自民党が戦後の歴史をつくったのはなぜだろうか。

その最大の原因は、自民党が英米の保守党とは違って、良くも悪くもイデオロギーをもたないからだろう。それは特定の政治的主張のもとに集まる結社というよりは、地元の面倒を見る政治家とその個人後援会の集合体であり、野党はこれに対抗できる集票基盤をもたない。

この状況は、戦後七十年たっても変わらないので、「平和憲法を守れ」とか「非武装中立」のような理念を対置しても、ほとんどの国民は関心をもたない。彼らの生活を改善する具体的な対案を左翼は出せなかったのだ。

全共闘運動というバブル

学生運動は六〇年安保の敗北で勢いを失ったが、六〇年代後半の世界的なベトナム反戦運動と結びついて、学生運動が盛り上がった。それが各大学でできた全共闘（全学共闘会議）

だが、これは全学連のような全国組織をもつわけではなく、自然発生的にできたノンセクト・ラディカルの集団だった。

それは一種のバブルだったが、規模は世界的だった。フランスでは革命運動が政権を追い詰め、アメリカでも極左のマクガバンが大統領候補になった。当時は頭の悪い学生でも「反帝反スタ」とかいえば格好よく見えたので、「おれ意識高い」と見せるために、デモに行ったのだ。

ノンセクト・ラディカルは、思想的にはマルクス主義とはいえない。当時、社会主義国の実態は学生にも知られるようになり、それが「地上の楽園」ではないことはわかっていた。六〇年安保のころは、それを「スターリニズム」と批判していたのだが、反スターリニズムを自称する党派も似たようなものだった。

だから党派をきらう学生の集まった全共闘は、アナーキズムに近かった。それを支えたのは、べ平連（ベトナムに平和を！市民連合）に始まった反戦運動の現状否定的な情熱だったが、全共闘が掲げた闘争の目的は学費値上げ反対といったプチブル的な要求ばかりで、何が実現すれば闘争に勝利したことになるのか、彼らにもわからなかった。

ただ街頭デモで機動隊と闘うことには、スポーツのような快感があった。最盛期には、日比谷公会堂を埋め尽くす数千人の群衆が集まり、これだけいれば何かできるのではないかという気分もあった。しかし肝心の何をするのかが、はっきりしなかった。当初は「大学解体」というのが辛うじて全共闘運動の統一スローガンだったが、これも具体的に何をするのかは不明だった。

六〇年安保のときと違うのは、貧しさがモチベーションになっていなかったことだ。それは当時もっとも熱心に読まれたマルクスのテキストが『経済学・哲学草稿』だったことでもわかる。ここで彼が論じたのは、労働者の**疎外**だった。それは世界的にマルクスの初期の文献が発掘されて研究が進んだという面もあったが、もっと大きいのは『資本論』でマルクスが予言した労働者の窮乏化という現象が起こらなかったことだ。

戦後しばらくは日本も発展途上国に近い状況にあり、飢えと貧困を克服することが何よりも切実な欲求だった。資本主義は、限られた富を資本家が独占するシステムとして憎まれ、社会主義は「無政府主義的な」資本主義に代わって計画的に経済を運営することによってすべての人々を豊かにする経済システムだと考えられた。

しかし六〇年代後半までには、そういう幻想も消えていた。労働者が不満をもったのは賃金ではなく、工場の単純労働で「疎外」されているという気分だった。これはヘーゲルやマルクスの「本質の対象化」という意味のEntfremdungとは違うのだが、世界的にそういうロマンティックな意味で使われるようになった。

この時期にスターになったのがマルクーゼやハーバーマスなどのフランクフルト学派で、マルクーゼは資本主義を「寛容的抑圧」の体制と規定し、それに反逆する学生を支援した。彼らも既存の社会主義は批判しており、具体的な未来像を描いていたわけではないが、「資本主義も社会主義も人間疎外だ」という時代の気分には合致していた。

しかしアナーキズムは、その定義によって組織として持続することがむずかしい。全共闘のなかでも中核や革マルなどの党派が分派活動をやり、それに反発するノンセクトが離反して、一九六九年にピークを記録した全共闘運動は、五年もたたないうちに消滅した。

私が大学に入ったのは、この学生運動の衰退期だった。キャンパスで白昼に殺人事件が起こり、犯行声明まで出ているのに、警察は家宅捜索もしなかった。公安は、明らかに極左が内ゲバで自滅するのを放置したのだ。彼らのねらい通り、内ゲバの激化とともに極左勢力は急速に衰退した。

公害反対運動の心情倫理

七〇年代以降は、連合赤軍のように少数の極左が出る一方で、大部分の学生は戦線を離脱し、「ノンポリ」化が進んだ。そういうなかで、新左翼のよりどころは公害反対運動になった。公害は資本主義のもたらす必然的な悪であり、公害病患者はプロレタリアートに代わって左翼のアイコンになった。

しかし新左翼の運動そのものは世界的に退潮期に入ったので、運動の主役はマルクス主義者というよりはエコロジストだった。彼らの思想的な背景はさまざまだが、反企業的な面は新左翼を継承していた。

中西準子は、日本の反公害運動の草分けだ。宇井純の弟子で、高木仁三郎などと同じ第二世代である。七〇年代の反公害運動は、今よりはるかに困難だった。そもそも公害というのがよく知られていないうえに、情報が出てこない。役所も企業をかばい、民放も新聞もスポンサーに遠慮してほとんど伝えなかった。

参議院議員までつとめた共産党員の子として生まれ、マルクス主義の影響を受けた中西は、東大の助手時代に反公害運動に身を投じ、その結果として二十三年間、助手を続ける。しかし反対だけでは何も変わらないと気づき、流域下水道に代わって小規模な「いい下水道」を提案する。これが藤沢市などに採用されて、日本の下水道は大きく変わった。

しかし小規模な下水道でも、ごく微量の発癌物質は残る。それをどうしようか思い悩んでいるとき、中西は一九八七年にアメリカの議会図書館で「発癌リスクの許容度」のデータを見てショックを受ける。それまでの「安全管理」は、死者をゼロにすることが目的で、一定の死亡率を許容することはありえなかったが、これを機に彼女は「リスク」という概念を日本で広めようとする。

しかし反対派は彼女を「体制側に転向した裏切り者」と批判し、離れていった。彼女はその後、横浜国立大学や産業技術総合研究所で、日本で初めて「リスク」と名のついた研究組織をつくり、さまざまなリスクを定量的に調査する。チェルノブイリ事故の現場も調査し、最大のリスクは強制退去による生活破壊だったことを知る。

流域下水道は環境に悪いばかりでなく、きれいな水と汚水を混ぜて処理するので効率が悪く、流域全体をつなぐインフラに莫大なコストがかかる。汚水だけを個別に処理する中西の方式のほうがコストが安いので、全国の市町村が彼女の提案を受け入れ、小規模下水道が普及した。工場も「下水」に混ぜて流すのではなく「汚水」として管理するため、環境基準を守るようになった。

純粋な「汚染ゼロ」の心情倫理を主張した人々は何も変えられなかったが、汚染のリスクを最小化した中西は日本の下水道を変え、環境を改善したのだ。運動の目的が政府や大企業を糾弾してストレスを解消することならゼロリスクを叫んで原発を止めるのが気持ちいいだろうが、その代わりに石炭火力を焚いたら環境汚染は悪化する。

行政も企業も環境汚染を最小限にしたいとは思っているが、「リスクをゼロにしろ」といわれても、ビジネスをやめるわけにはいかない。結果的には絶対反対の運動は無視され、社会を変えることはできないのだ。

民主党は全共闘運動の負の遺産

五〇年代の全面講和や六〇年安保はそれなりに意味のある結果を残したが、全共闘運動は何も残さなかった。それはもともと何も具体的な目的のない「青春の爆発」だったので当然だが、当事者の人生は大きく狂った。学生運動で逮捕歴のある学生は就職できず、自営業になった。日本で「フリーライター」と呼ばれる職業の草分けも、この世代である。

それまで週刊誌のライターといえば、食いつめた文学青年の下請け労働だったが、大学紛争でドロップアウトした人々がこの分野に参入した。テレビの演出や撮影でも高学歴の人々が下請けになり、外注化が進んだ。編集プロダクションや番組制作プロダクションの第一世代は、団塊の世代である。

他方、社会主義への情熱を捨てない人々は司法試験を受け、弁護士になった。これがいまだに日弁連（日本弁護士連合会）に左翼バイアスが強く、民主党に弁護士出身者が多い原因である。彼らはビジネスに携わった経験がないので、学生時代の正義感を持ち続けている。もう六十代だが、各地の弁護士会の幹部になっているため、組織として左翼バイアスが抜けず、若い弁護士と大きなギャップができているという（小林正啓『こんな日弁連に誰がした？』）。

負の遺産の最たるものが、民主党である。菅直人は首相就任のあいさつで「自分の原点は市民運動だ」とのべ、運動経歴を語った。国家を統治しているという自覚がなく、「反権力」の気分が抜けない団塊の世代＝全共闘世代の政権だった。

菅や仙谷の所属していたのは穏健派で、当時の社会党・共産党（マルクス＝レーニン主義）

より「右派」だった。しかし共産党のように教義がはっきりしていると、それを卒業するのも簡単だが、穏健派は左翼的なバイアスに気づきにくい。北関東のなまりが直りにくいのと同じだ。

団塊世代の特徴は**新憲法バイアス**である。生まれたのが終戦直後だから、戦争は絶対悪で、平和憲法は人類の理想だという教育を子供のころから受けた。自民党は大資本とつながっていて、大資本は帝国主義の元凶だから、戦争は資本主義があるかぎり必然だ。

したがって戦争をなくすためには、資本主義を廃絶するしかない。それが過激化すると連合赤軍のような武装闘争になるが、べ平連のような市民運動にも共通の感覚だった。つまり民主党政権の中枢にいるのは、資本主義＝悪だと信じて、それをなくすことを最終的な目的にして人生を過ごしてきた人々なのだ。

もう一つの特徴は、民主党の場合は**朝日バイアス**である。子供のころから優等生として（やや高級な）朝日新聞を読み、世の中より少し進歩的な意見をもち、政府を批判することがインテリの条件だと思っている。民主党の国会質問を聞くと、朝日新聞とそっくりの言い回しがよくある。

人生の途中で彼らはその間違いに気づいただろうが、それを認めることは自分の人生を否定することになる。自民党は資本主義というより、日本の古い悪習の集合名詞だった。そこで彼らは、左翼的イデオロギーを「福祉国家」に模様がえして延命してきた。それを政権について実現したのが、悲惨な民主党政権だった。

国家社会主義の遺伝子

社会主義が日本で強く残っているのは霞が関だ。戦前に軍部と結託して満州国を建設し、戦後も一貫して自民党の中枢にいたのは岸信介であり、彼の理想とする国家社会主義を実現するためにつくられたのが通産省である。

岸が師と仰いだのが二・二六事件の指導者、北一輝だった。言い換えれば、青年将校が二・二六で果たせなかった国家社会主義を満州国で実験し、それを戦後の日本で実現したのが通産省だったのである。この評価にはいろいろあるが、途上国が発展するためには一定の「本源的蓄積」が必要であり、岸の開発主義がその役割を果たしたという肯定的な評価もある。

岸の理念は徹底的なエリート主義であり、一部の優秀なリーダーが国家を指導することが

図3　日米「上位0.1%」の高額所得者の所得シェア

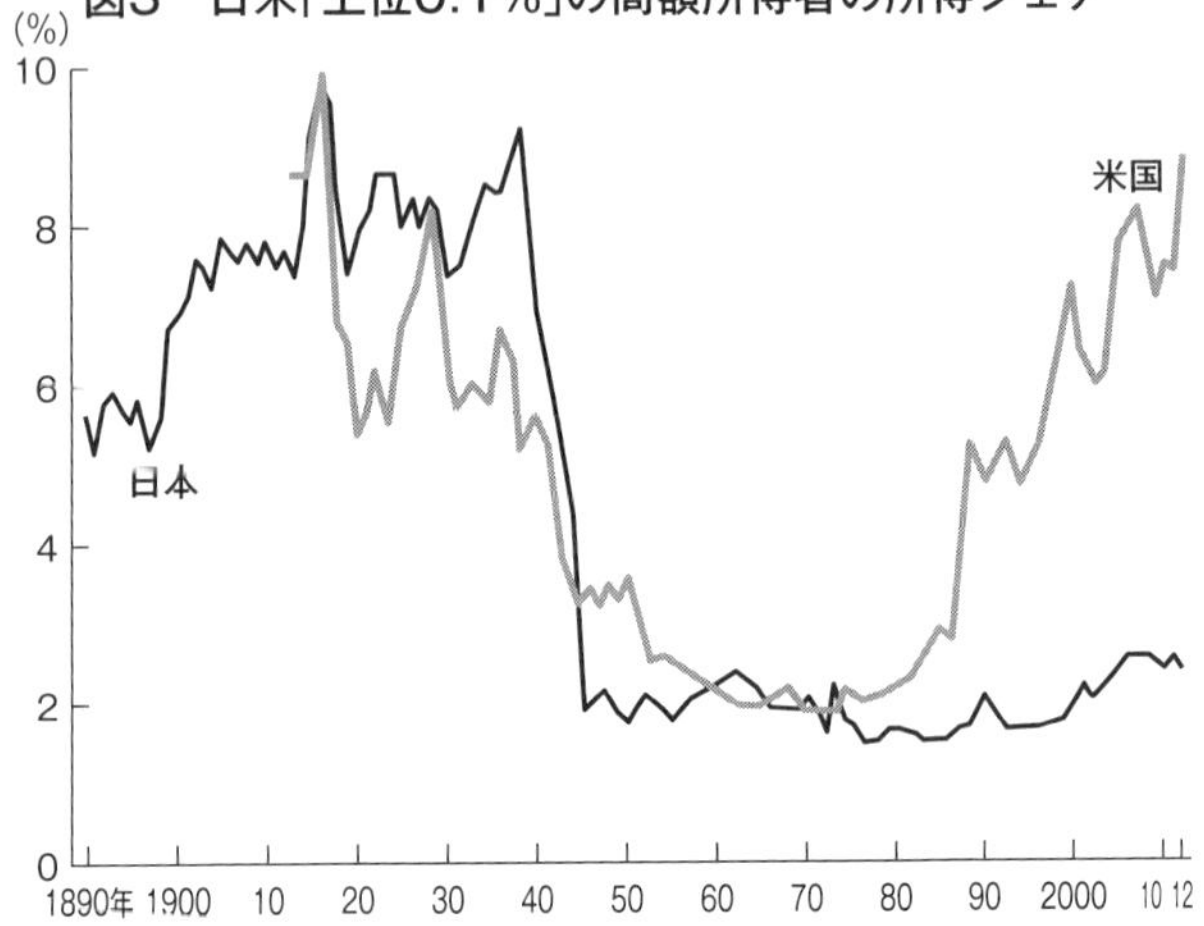

出所：森口千晶

最善で、議会は国民をあやつる道具にすぎないという発想だったので、収賄や買収を平気でやった。この点では極左と共通する点があり、彼らも愚昧な民衆の選んだ議会より「前衛」による暴力革命のほうが有効だと考えていた。社会党や共産党はそれを薄めた二番煎じだから、日本の政治には左右の社会主義しかなかったのだ。

この評価には、いろいろな見方がある。森口千晶（一橋大学経済研究所教授）はピケティと同じ手法で明治以降の日本の所得分配を計測した結果、図3のように戦前の日本はアメリカ型だったが、戦後はまったく違う平等社会になったことを示す（日本経済新聞二〇一五年二月十一日付）。

経済学の常識では成長率の高いときは資本蓄積が大きく、所得格差も拡大するはずだが、戦後の日本は極端に高い資本蓄積率と成長率が見られたにもかかわらず、所得分配は平等なままだ。これは戦時体制から戦後改革に継承された国家社会主義の影響だろう。

一九三八年の国家総動員法による指定金融機関制度で、政府がメインバンクを使って資金を配分する総動員体制ができた。この銀行と企業の関係は戦後も続き、財閥の解体と農地改革で経済民主化が進んだ。預金金利は規制で低く抑えられたが、貯蓄率が高かったため、企業に資本コストの低い資金が大量に供給され、設備投資が急速に進んだのだ。

戦争で国土が破壊された資金不足の経済では、資本をどこに集中するかという意思決定が重要だ。これについて政府はGHQの指示のもとに復興金融公庫を設置し、石炭や鉄鋼を始めとする基礎資材とエネルギーの供給に力を注ぐ**傾斜生産方式**をとった。日銀や興銀などの産業金融も自動車や造船などの重化学工業や鉄道などのインフラ整備に重点を置いた。

復興の過程ではメインバンクが決定権者になり、企業をコントロールした。戦後の資金不足の時代には、高い貯蓄率のもとで預金金利を規制し、企業の資本コストを下げて資本蓄積を進める政策は有効だった。社債の発行も規制され、長信銀の発行する金融債が長期資金の供給源になった。

その背後には通産省や大蔵省の行政指導もあった。このような計画経済が機能しないというのが現代の常識だが、最近では経済発展の初期には政府主導の資本蓄積が必要であり、ソ連の経済発展も、国家主導の重化学工業化によって実現したという説もある（アレン『なぜ豊かな国と貧しい国が生まれたのか』）。

イギリスの経済発展も、かつて信じられていたような経済的自由主義によるものではなく、国家主導の植民地支配にもとづくものだった。民間主導で国家があまり関与しなかったオランダとの戦争に勝ち抜き、イギリスは世界の海を支配したのである（ブリュア『財政＝軍事国家の衝撃』）。

資本蓄積の初期にむずかしいのは目標設定だが、これについてはアメリカというわかりやすい手本があり、アメリカも冷戦のなかで日本を西側の優等生に仕立てるため、さまざまな形で援助した。企業にとっても、アメリカ企業をまねてアメリカに製品を輸出することが一致した目的になった。

もう一つの問題は、長期的な投資に必要な需要を確保する必要があることだ。鉄鋼と石炭に投資するためには、それを使う自動車や造船などの最終財の市場が必要だが、終戦直後には需要不足だったので、政府の復興需要が産業を支えた。戦後の急速な人口増加による消費拡大の効果もあいまって、五〇年代には年平均一〇パーセント近い成長率を達成した。

国家資本主義を補完した温情主義

しかし八〇年代以降、金融自由化で資金過剰になると銀行のコントロールがきかなくなり、バブルが崩壊した。このあとずっと日本経済は企業の貯蓄超過に悩まされるが、もっと深刻な問題は企業の自己資本比率が高まり、日本経済の司令塔だった銀行が統制力を失ったことによるガバナンスの崩壊である。

これが日本経済が漂流を続ける最大の原因だから、銀行の金利をマイナスにする日銀の量的緩和は意味がない。問題は資金供給ではなく残余コントロール権なので、銀行貸し出しではなく資本市場（エクイティ）を機能させる必要があるが、日本では困難だ。

その最大の原因が、経産省の**国家資本主義**である。かつて日本経済を指導してきた彼らの産業政策の役割は終わり、資本市場で企業の再編成をしなければならないが、彼らは主役の座を降りたくないため、企業買収を妨害する。資本主義は経産省の敵なのだ。

事務次官だった北畑隆生は「株主はバカで無責任」と発言し、「日の丸検索エンジン」など時代錯誤の**ターゲティング政策**を進めて、すべて失敗した。彼はダイエー騒動のときは官邸や財務省の方針に抵抗し、経産省が「再建」すると称して霞が関を三カ月間も混乱に陥《おとしい》れた。

ルネサス エレクトロニクスの再建でも、世界最大の企業再生ファンドＫＫＲが一〇〇〇億円出資する意向を示したのに、産業革新機構が横取りした。日銀の「異次元緩和」も失敗し、安倍首相は祖父の国家資本主義に回帰しているように見える。政権の司令塔といわれる今井尚哉政策秘書官を始め、今の官邸スタッフには経産省の官僚が多い。

小泉内閣のころは「官から民へ」の流れで失業状態だった経産官僚が、官民ファンドや「成長戦略」と称する産業政策を進めているが、その実績は、産業再生機構以外は全敗である。「大型プロジェクト」などのターゲティング政策が成功したのは、超ＬＳＩ技術研究組合の成功した一九七〇年代までだった。

情報産業が主力になってからは、既存の大企業に偏した企業救済は（産業再生機構を例外として）すべて失敗した。公益という名の政治的圧力に弱く、赤字を垂れ流しても切れないからだ。

自民党は政治結社という意味の政党ではなく、綱領も政策もない個人後援会の集合体である。それは高度成長の果実を地元に再分配する政治家の集合体である。政治家は「村」（派閥）に集まり、選挙区に帰って「田を耕す」（選挙区回り）ことを仕事とする日本的共同体だった。

しかし成長が止まると、こうした利権の分配が機能しなくなった。公共事業によるバラマキが困難になったとき、民主党は「コンクリートから人へ」というスローガンで政権を取った。公共事業は減ったが、社会保障関係費は膨張の一途をたどり、今ではプライマリーバランス（基礎的財政収支）の赤字の半分は社会保障関係費である。一般会計の政府債務が一〇〇〇兆円を超えたことはよく知られているが、これ以外にも年金特別会計には八〇〇兆円の積立不足（隠れ債務）があると推定されている。

こうした政府債務は将来世代に先送りされるため、今年生まれたゼロ歳児の税・社会保障の超過負担（負担額－受給額）は今の六十歳以上の高齢者に比べて生涯収入で一億円以上も多くなる。生涯所得を二億円とすると、その半分が超過負担になるのだ。

ところが与野党ともに、社会保障費の削減にはまったく言及しない。自民党から共産党まで、日本の政党はすべて大きな政府にぶら下がる日本的温情主義だから、争点がないのだ。民主党政権の「税と社会保障の一体改革」も、社会保障給付を増やすために増税し、この構造を拡大再生産するものだ。

左翼が自民党に勝てなかったのも、その温情主義が国家資本主義を補完するものだったからだ。その政治手法も同じである。所得再分配を先食いして、負担は先送りする。当面のコストは国債で埋めるが、そのバランスシートは大幅な赤字になっているので、将来世代の負担が激増することは確実だ。与野党ともに、この問題は知っているがまったく言及しない。

エピローグ

「普通の国」への長い道

戦後ずっと日本が平和と繁栄を続けてきたのは、いろいろな幸運に恵まれたためだが、その矛盾が一挙に表面化したのが不動産バブルの崩壊した九〇年代だった。このときは政治にも、思い切った改革をしようという機運が生まれ、憲法改正や政治改革などの戦後ずっと手のつけられなかった問題が政治的争点になった。

一九九三年六月十八日、小沢一郎が宮沢内閣不信任案に賛成して自民党政権を終わらせた瞬間を、私は国会内の中継車で見ていた。小沢グループは不信任案に賛成し、議場から大きな拍手が起こった。歴史の歯車が回る音が聞こえたような気がした。このときの総選挙で、三十八年続いた自民党政権が終わり、細川護熙《もりひろ》首相の非自民連立政権が成立した。

しかし二〇一四年の総選挙で、小沢の率いる生活の党（現・生活の党と山本太郎となかまたち）は山本太郎を入れても五人になってしまった。かつては日本の政治を大きく動かすかと思われた彼の挫折の軌跡は、与党のいない日本政治の未成熟を示している。

保守革命の挫折

小沢の著書『日本改造計画』は、サッチャー・レーガン以来の「保守革命」を受け継ぐものとしてベストセラーになった。その序文に、彼はグランドキャニオンを訪れたときの印象をこう書いている。

国立公園の観光地で、多くの人々が訪れるにもかかわらず、転落を防ぐ柵が見当たらないのである。もし日本の観光地がこのような状態で、事故が起きたとしたら、どうなるだろうか。おそらく、その観光地の管理責任者は、新聞やテレビで轟々たる非難を浴びるだろう。［中略］大の大人が、レジャーという最も私的で自由な行動についてさえ、当局に安全を守ってもらい、それを当然視している。これに対して、アメリカでは、自分の安全は自分の責任で守っているわけである。

政府や企業に頼らないで「自己責任」で生きるという彼の政治哲学は、自民党政権の崩壊後の日本のビジョンとして鮮烈な印象を与えた。それはバブルが崩壊して公共事業の財源が尽きた九〇年代に、政治に寄生する万年野党を追放し、英米のあとを受けて日本も**小さな政府**に舵を切る宣言だった。

実際には『日本改造計画』のなかで小沢の書いたのは序文だけで、内容は彼の主宰した勉強会のメンバーが書いていた。大蔵省の課長が編集長となり、経済政策は竹中平蔵や伊藤元重、政治改革については北岡伸一や御厨貴などが書いた。そこに書かれた「小さな政府」を求める政策は、当時の学問的なコンセンサスに近く、消費税を一〇パーセントに引き上げると書かれていた。

特に論議を呼んだのは、日本は**普通の国**になるべきだという主張だった。彼はその要件を『日本改造計画』で「国際社会において当然とされていることを、当然のこととして自らの責任で行うことである。当たり前のことを当たり前と考え、当たり前に行う。日本国内でしか通用しないことをいい立てたり、国際社会の圧力を理由にして仕方なくやるようなことはしない」と書いた。

これは一九九〇年の湾岸戦争で、彼が内閣官房副長官として対米交渉にあたったときの苦い経験にもとづいている。このとき日本はアメリカが要請した軍需物資を輸送する輸送機や補給艦の派遣が「憲法の制約」でできなかった。おかげで一三〇億ドルの資金援助も、クウェートに感謝されなかった。

憲法を改正して正規軍をもち、国際的な安全保障に軍事的貢献もできる——具体的にはアメリカの同盟軍になる——国が、小沢のいう普通の国だった。海外派兵は国連軍として行なうという国連中心主義をうたったが、これは当時の自民党の路線から見ても大幅に親米路線に舵を切るものだった。

対米従属という国家戦略

好むと好まざるとにかかわらず、戦後日本の政治の方向を決めてきたのはアメリカである。自民党政権の最高意思決定は実質的にワシントンで行なわれていたのだ。九〇年代以降、日本の政治が迷走し始めた一つの原因は、冷戦が終わって日本が戦略的重要性を失い、アメリカが関心をもたなくなったからだ。

この意味で日本の政治が対米従属だという批判は正しいが、国家がそれぞれ主権をもつべきだという通念は自明ではない。主権国家という概念は一六四八年のウェストファリア条約で成立したが、このとき国家とされたのは、神聖ローマ帝国の三〇〇もの領邦であり、軍事的にも経済的にも自立した単位ではなかった。主権国家が国際的に制度化されたのは第一次世界大戦後の国際連盟だが、それはいまだに安定した制度になったことがない。

歴史的には、主権国家の他にもいろいろなシステムがあり、特に植民地支配は今でも実質的に機能している。それは十六世紀に始まって二十世紀まで続いた制度で、主権国家よりはるかに寿命が長い。大英帝国はEUのように最終的な決定者のいない共和制ではなく、イギリス国王という決定者をもち、帝国主義戦争に勝ち残った。英連邦の「ゆるやかな植民地支配」はよくできたしくみで、成長率は最高である。

日本が近代国家になれた原因は、法的な領土の境界と実質的な国民の境界が（たまたま）一致していたからだが、実は本来の意味での主権者はいない。戦前の天皇も戦後の国民も、実質的な主権をもたない。日本はサンフランシスコ条約でアメリカの属国になったのだが、それが主権国家より悪いとは限らない。

岸信介はこの状態から脱却しようとしたが、吉田ドクトリンは日本人の平和ボケ体質に適応してしまった。安倍首相の気持ちはわかるが、日本が「戦後レジーム」を打破することにはもう大した意味がない。アメリカの核兵器に日本がただ乗りできる日米同盟は——プライドさえ捨てれば——天の恵みともいうべきものだ。ソ連の属国になった東欧諸国にくらべれば、日本の幸運は明らかだ。

この点で対米従属は、日本の国家戦略だったといってもよい。ナショナリズムも愛国心も主権国家の幻想であり、日本人の多くは関心をもっていない。むしろ最大のリスクは、アメリカがいつまでただ乗りを許してくれるかだろう。戦後レジームから転換するなら、反米独立の夢を見る安倍首相よりも、日米同盟重視の「小沢レジーム」のほうが現実的かもしれない。

小選挙区制は「政治改革」だったのか

日本で政権交代が起こらないのは中選挙区制が原因だ、というのが小沢の持論だった。当時はリクルート事件などをきっかけにして政治改革を求める声が強まり、小沢は小選挙区制を推進する「改革派」を名乗り、中選挙区制を守ろうとする政治家を「守旧派」と呼んで、グループで自民党を離党した。

彼は「小選挙区制になれば二大政党による政権交代でイギリスのような健全な議会政治ができる」と主張した。与野党のほとんどが小選挙区制に反対だったが、一九九三年の総選挙で生まれた細川首相が、自民党の河野総裁との話し合いで選挙制度改革を実現した。多くの反対を押し切って小選挙区制を実現したのは小沢の政治力だった。

しかし日本の政治が劣化した原因は、中選挙区だったのだろうか。小選挙区制になってからも、比例代表制との並立制だったために小党分立が続き、選挙制度改革から十五年たって、やっと二〇〇九年に政権交代が実現した。しかし民主党政権は自民党よりひどく、三年で政権を失った。民主党が壊滅したため、その後は五五年体制より極端な自民党一党支配に戻ってしまった。

こう振り返ると、小選挙区制が政治改革だったのかどうかは疑問である。それはかえって政治の劣化を促進したのではないか。小選挙区では絶対多数を取らなければならないので、高齢者に迎合して負担を将来世代に先送りすることが、政治的には正しいのだ。中選挙区なら「若者党」のようなすきま政党も出てくる可能性があるが、小選挙区制にはそういう多様性がない。

世界的に見ても、小選挙区制が成功しているのは、英米のように階級対立のはっきりしている国だ。日本のように均質な社会では明確な争点ができず、八方美人のバラマキ政策になりやすい。かつては自民党が地方の土建業者をバラマキ公共事業で集票基盤に使ったが、民主党はバラマキ福祉に変えただけだった。

戦前には民政党と政友会の二大政党があり、政権交代も起こったが、政策論争が起こったわけではなく、最後は大政翼賛会になだれこんでしまった。その原因は、国会に立法権がなく、政府の出した法案に「協賛」するだけという明治憲法にあったが、戦後も重要法案のほとんどは内閣提出法案である。

つまり本質的な問題は、官僚機構の実権が大きく、政治家は彼らの立案した政策に文句をつけるロビイストのような存在になっている行政国家にあるのだ。これは明治時代にプロイセンから輸入した制度で、もう百年以上続いているので、変えることはきわめて困難だ。

このため主権者たる国民の代表が立法によって行政の裁量をチェックする立憲主義が失われ、法の支配が身についていない。この実態が変わらない限り、選挙制度をいじっても「決まらない政治」は変わらないだろう。憲法を改正して衆議院の優越を明確化することは意味があるが、自民党の憲法改正案にはそれもない。戦後リベラルの劣化は、戦前から受け継がれる日本政治の「中心の不在」が顕在化してきたものだ。

それはある意味で江戸時代から受け継がれる下克上の意思決定の欠陥であり、戦前の日本を戦争に引きずり込んだ病である。それを軍国主義とか侵略戦争と総括したのでは、今も受け継がれている日本の問題が見えない。それは憲法を改正しても治すことはできないが、憲法を改正しなくても是正は可能だ。そのためには欠陥を自覚することが第一だが、われわれはまだその出発点にも立っていない。

それでも「小さな政府」は必要だ

国民の圧倒的な支持を受けて誕生した細川内閣は、十カ月足らずの短命政権に終わった。その後の二十年は、小沢にとっても日本政治にとっても「失われた二十年」だった。二〇一四年の総選挙では与党の勢力がほとんど変わらず、「第三極」が激減して共産党が倍増した。民主党はかつての社会党と同じく労働組合に依存した政党なので、国会は五五年体制に回帰したように見える。

かつての自民党にすぐれた政策があったわけではないが、社会党には「憲法を守る」という政策しかなかった。対立軸はいつまでたっても「安保・自衛隊」で、経済政策では自民党も社会党も「大きな政府」だった。公的年金制度をつくったのは岸信介であり、それを今のようなバラマキ型にしたのは田中角栄である。

だから五五年体制の国会には、政策論争がなかった。官僚機構の立案した政策を追認する自民党と、それに「何でも反対」する野党の対立が続いたが、それでも大した問題はなかった。高度成長でほとんどの経済問題は解決したので、その**果実の分配**は楽な仕事だったのだ。

しかし九〇年代のバブル崩壊で、それまで隠れていた日本経済の欠陥が表面化した。かつて「日本の奇蹟」と呼ばれた高度成長は、実はそれほど奇蹟的な出来事ではなく、一九四五年に約七二〇〇万人だった人口が三十年で五〇パーセントも増えた人口ボーナスが最大の原因だった。一人当たりGDP（購買力平価基準）で見ると、日本は先進国で最低だった終戦直後の水準から、その平均程度になっただけだ。

高度成長のもう一つの要因は、戦争で古い資本が破壊され、最新技術による資本蓄積が急速に進んだことだ。このとき世界最大の消費国アメリカと同盟を結び、一ドル＝三六〇円という格安の為替レートで工業製品を輸出できたことが大きかったが、この特権も一九八五年以降の円高でなくなった。

要するに日本は普通の成熟した先進国になったのであり、それは自慢することでもないが、それほど嘆くべきことでもない。労働人口も資本も（成長理論でいう）定常状態に近づいているので、今後は生産性上昇率の分だけ成長するだろう。このような長期的傾向を「成長戦略」で変えることはできない。

安全保障政策にも、もはや争点はない。非武装中立をとなえていた社会党が九〇年代に村山内閣で安保と自衛隊を容認して自壊してから、もう絶対平和主義は政治的な選択肢ではないのだ。集団的自衛権（日米同盟の強化）で「戦争に巻き込まれる」という主張も、冷戦時代のようなリアリティをもたない。

今の日本で重要な政治的争点は、老人と若者、あるいは都市と地方といった**負担の分配**であり、問題は「大きな政府か小さな政府か」である。今の日本の政府債務を放置すると、国民負担率は八〇パーセントを超える。このような「巨大な国」になることを阻止して、「普通の国」に戻すことが重要である。

PHP新書

PHP INTERFACE
http://www.php.co.jp/

池田信夫［いけだ・のぶお］

株式会社アゴラ研究所所長、SBI大学院大学客員教授。学術博士（慶應義塾大学）。1978年東京大学経済学部を卒業後、NHKに入社。報道番組の制作に携わり、1993年に退社。1997年慶應義塾大学大学院政策・メディア研究科博士課程を中退。国際大学グローバル・コミュニケーション・センター（GLOCOM）教授、経済産業研究所上席研究員などを経て、現職。日本を代表するブロガーとして積極的な言論活動を展開している。著書に『資本主義の正体』（PHP研究所）、『原発「危険神話」の崩壊』（PHP新書）、『朝日新聞　世紀の大誤報』（アスペクト）、『日本人のためのピケティ入門』（東洋経済新報社）他多数。

日本音楽著作権協会（出）許諾第1503586-501号

戦後リベラルの終焉

なぜ左翼は社会を変えられなかったのか　（PHP新書982）

二〇一五年五月一日　第一版第一刷

著者――池田信夫
発行者――小林成彦
発行所――株式会社ＰＨＰ研究所
東京本部――〒102-8331　千代田区一番町21
新書出版部　☎03-3239-6298（編集）
普及一部　☎03-3239-6233（販売）
京都本部――〒601-8411　京都市南区西九条北ノ内町11
組版――有限会社メディアネット
装幀者――芦澤泰偉＋児崎雅淑
印刷所
製本所――図書印刷株式会社

ISBN978-4-569-82511-3

PHP新書刊行にあたって

「繁栄を通じて平和と幸福を」(PEACE and HAPPINESS through PROSPERITY)の願いのもと、PHP研究所が創設されて今年で五十周年を迎えます。その歩みは、日本人が先の戦争を乗り越え、並々ならぬ努力を続けて、今日の繁栄を築き上げてきた軌跡に重なります。

しかし、平和で豊かな生活を手にした現在、多くの日本人は、自分が何のために生きているのか、どのように生きていきたいのかを、見失いつつあるように思われます。そして、その間にも、日本国内や世界のみならず地球規模での大きな変化が日々生起し、解決すべき問題となって私たちのもとに押し寄せてきます。

このような時代に人生の確かな価値を見出し、生きる喜びに満ちあふれた社会を実現するために、いま何が求められているのでしょうか。それは、先達が培ってきた知恵を紡ぎ直すこと、その上で自分たち一人一人がおかれた現実と進むべき未来について丹念に考えていくこと以外にはありません。

その営みは、単なる知識に終わらない深い思索へ、そしてよく生きるための哲学への旅でもあります。弊所が創設五十周年を迎えましたのを機に、PHP新書を創刊し、この新たな旅を読者と共に歩んでいきたいと思っています。多くの読者の共感と支援を心よりお願いいたします。

一九九六年十月

PHP研究所

603 凡人が一流になるルール　齋藤 孝
620 自分らしいキャリアのつくり方　高橋俊介
645 型破りのコーチング　平尾誠二／金井壽宏
710 お金の流れが変わった！　大前研一
750 大災害の経済学　林 敏彦
752 日本企業にいま大切なこと　野中郁次郎／遠藤 功
775 なぜ韓国企業は世界で勝てるのか　金 美徳
778 課長になれない人の特徴　内山 力
790 一生食べられる働き方　村上憲郎
806 一億人に伝えたい働き方　鶴岡弘之
818 若者、バカ者、よそ者　真壁昭夫
852 ドラッカーとオーケストラの組織論　山岸淳子
863 預けたお金が紙くずになる　津田倫男
871 確率を知らずに計画を立てるな　内山 力
882 成長戦略のまやかし　小幡 績
887 そして日本経済が世界の希望になる
ポール・クルーグマン［著］／山形浩生［監修・解説］／
大野和基［訳］
892 知の最先端　クレイトン・クリステンセンほか［著］／
大野和基［インタビュー・編］
901 ホワイト企業　高橋俊介
908 インフレどころか世界はデフレで蘇る　中原圭介
926 抗がん剤が効く人、効かない人　長尾和宏
932 なぜローカル経済から日本は甦るのか　冨山和彦
958 ケインズの逆襲、ハイエクの慧眼　松尾 匡
973 ネオアベノミクスの論点　若田部昌澄

［**社会・教育**］

117 社会的ジレンマ　山岸俊男
134 社会起業家「よい社会」をつくる人たち　町田洋次
141 無責任の構造　岡本浩一
175 環境問題とは何か　富山和子
324 わが子を名門小学校に入れる法　清水克彦／和田秀樹
335 NPOという生き方　島田 恒
380 貧乏クジ世代　香山リカ
389 効果10倍の〈教える〉技術　吉田新一郎
396 われら戦後世代の「坂の上の雲」　寺島実郎
418 女性の品格　坂東眞理子
495 親の品格　坂東眞理子
504 生活保護vsワーキングプア　大山典宏
515 バカ親、バカ教師にもほどがある
藤原和博／［聞き手］川端裕人
522 プロ法律家のクレーマー対応術　横山雅文
537 ネットいじめ　荻上チキ

546 本質を見抜く力――環境・食料・エネルギー
養老孟司／竹村公太郎
558 若者が3年で辞めない会社の法則　本田有明
561 日本人はなぜ環境問題にだまされるのか　武田邦彦
569 高齢者医療難民　吉岡 充／村上正泰
570 地球の目線　竹村真一
577 読まない力　養老孟司
586 理系バカと文系バカ　竹内 薫［著］／嵯峨野功一［構成］
602 「勉強しろ」と言わずに子供を勉強させる法　小林公夫
618 世界一幸福な国デンマークの暮らし方　千葉忠夫
621 コミュニケーション力を引き出す　平田オリザ／蓮行
629 テレビは見てはいけない　苫米地英人
632 あの演説はなぜ人を動かしたのか　川上徹也
633 医療崩壊の真犯人　村上正泰
641 マグネシウム文明論　矢部 孝／山路達也
642 数字のウソを見破る　中原英臣／佐川 峻
648 7割は課長にさえなれません　城 繁幸
651 平気で冤罪をつくる人たち　井上 薫
675 中学受験に合格する子の親がしていること　小林公夫
678 世代間格差ってなんだ
城 繁幸／小黒一正／高橋亮平
681 スウェーデンはなぜ強いのか　北岡孝義
692 女性の幸福［仕事編］　坂東眞理子
694 就活のしきたり　石渡嶺司
706 日本はスウェーデンになるべきか　高岡 望
720 格差と貧困のないデンマーク　千葉忠夫
739 20代からはじめる社会貢献　小暮真久
741 本物の医師になれる人、なれない人　小林公夫
751 日本人として読んでおきたい保守の名著　潮 匡人
753 日本人の心はなぜ強かったのか　齋藤 孝
764 地産地消のエネルギー革命　黒岩祐治
766 やすらかな死を迎えるためにしておくべきこと　大野竜三
769 学者になるか、起業家になるか　城戸淳二／坂本桂一
780 幸せな小国オランダの智慧　紺野 登
783 原発「危険神話」の崩壊　池田信夫
786 新聞・テレビはなぜ平気で「ウソ」をつくのか　上杉 隆
789 「勉強しろ」と言わずに子供を勉強させる言葉　小林公夫
792 「日本」を捨てよ　苫米地英人
798 日本人の美徳を育てた「修身」の教科書　金谷俊一郎
816 なぜ風が吹くと電車は止まるのか　梅原 淳
817 迷い婚と悟り婚　島田雅彦
819 日本のリアル　養老孟司
823 となりの闇社会　一橋文哉
828 ハッカーの手口　岡嶋裕史

829 頼れない国でどう生きようか　加藤嘉一／古市憲寿
830 感情労働シンドローム　岸本裕紀子
831 原発難民　烏賀陽弘道
839 50歳からの孤独と結婚　金澤 匠
840 日本の怖い数字　佐藤 拓
847 子どもの問題　いかに解決するか
岡田尊司／魚住絹代
854 女子校力　杉浦由美子
857 大津中2いじめ自殺　共同通信大阪社会部
858 中学受験に失敗しない　高濱正伸
866 40歳以上はもういらない　田原総一朗
869 若者の取扱説明書　齋藤 孝
870 しなやかな仕事術　林 文子
872 この国はなぜ被害者を守らないのか　川田龍平
875 コンクリート崩壊　溝渕利明
879 原発の正しい「やめさせ方」　石川和男
883 子供のための苦手科目克服法　小林公夫
888 日本人はいつ日本が好きになったのか　竹田恒泰
896 著作権法がソーシャルメディアを殺す　城所岩生
897 生活保護vs子どもの貧困　大山典宏
909 じつは「おもてなし」がなっていない日本のホテル　桐山秀樹
915 覚えるだけの勉強をやめれば劇的に頭がよくなる　小川仁志
919 ウェブとはすなわち現実世界の未来図である　小林弘人
923 世界「比較貧困学」入門　石井光太
935 絶望のテレビ報道　安倍宏行
941 ゆとり世代の愛国心　税所篤快
950 僕たちは就職しなくてもいいのかもしれない
岡田斗司夫 FRREex
962 英語もできないノースキルの文系は
これからどうすべきか　大石哲之
963 エボラvs人類 終わりなき戦い　岡田晴恵
969 進化する中国系犯罪集団　一橋文哉
974 ナショナリズムをとことん考えてみたら
春香クリスティーン
978 東京劣化　松谷明彦

［**心理・精神医学**］
053 カウンセリング心理学入門　國分康孝
065 社会的ひきこもり　斎藤 環
103 生きていくことの意味　諸富祥彦
111 「うつ」を治す　大野 裕
171 学ぶ意欲の心理学　市川伸一
196 〈自己愛〉と〈依存〉の精神分析　和田秀樹
304 パーソナリティ障害　岡田尊司

364 子どもの「心の病」を知る 岡田尊司
381 言いたいことが言えない人 加藤諦三
453 だれにでも「いい顔」をしてしまう人 加藤諦三
487 なぜ自信が持てないのか 根本橘夫
534 「私はうつ」と言いたがる人たち 香山リカ
550 「うつ」になりやすい人 加藤諦三
583 だましの手口 西田公昭
627 音に色が見える世界 岩崎純一
680 だれとも打ち解けられない人 加藤諦三
695 大人のための精神分析入門 妙木浩之
697 統合失調症 岡田尊司
701 絶対に影響力のある言葉 伊東 明
703 ゲームキャラしか愛せない脳 正高信男
724 真面目なのに生きるのが辛い人 加藤諦三
730 記憶の整理術 榎本博明
796 老後のイライラを捨てる技術 保坂 隆
799 動物に「うつ」はあるのか 加藤忠史
803 困難を乗り越える力 蝦名玲子
825 事故がなくならない理由《わけ》 芳賀 繁
862 働く人のための精神医学 岡田尊司
867 「自分はこんなもんじゃない」の心理 榎本博明
895 他人を攻撃せずにはいられない人 片田珠美
910 がんばっているのに愛されない人 加藤諦三
918 「うつ」だと感じたら他人に甘えなさい 和田秀樹
942 話が長くなるお年寄りには理由《わけ》がある 増井幸恵
952 プライドが高くて迷惑な人 片田珠美
956 最新版「うつ」を治す 大野 裕
977 悩まずにはいられない人 加藤諦三

［歴史］

005・006 日本を創った12人（前・後編） 堺屋太一
061 なぜ国家は衰亡するのか 中西輝政
146 地名で読む江戸の町 大石 学
286 歴史学ってなんだ？ 小田中直樹
384 戦国大名 県別国盗り物語 八幡和郎
446 戦国時代の大誤解 鈴木眞哉
449 龍馬暗殺の謎 木村幸比古
505 旧皇族が語る天皇の日本史 竹田恒泰
591 対論・異色昭和史 鶴見俊輔／上坂冬子
647 器量と人望 西郷隆盛という磁力 立元幸治
660 その時、歴史は動かなかった!? 鈴木眞哉
663 日本人として知っておきたい近代史［明治篇］ 中西輝政
677 イケメン幕末史 小日向えり
679 四字熟語で愉しむ中国史 塚本靑史

704 坂本龍馬と北海道　原口 泉
725 蔣介石が愛した日本　関 榮次
734 謎解き「張作霖爆殺事件」　加藤康男
738 アメリカが畏怖した日本　渡部昇一
740 戦国時代の計略大全　鈴木眞哉
743 日本人はなぜ震災にへこたれないのか　関 裕二
748 詳説〈統帥綱領〉　柘植久慶
755 日本人はなぜ日本のことを知らないのか　竹田恒泰
759 大いなる謎 平清盛　川口素生
761 真田三代　平山 優
776 はじめてのノモンハン事件　森山康平
784 日本古代史を科学する　中田 力
791 『古事記』と壬申の乱　関 裕二
802 後白河上皇「絵巻物」の力で武士に勝った帝　小林泰三
837 八重と会津落城　星 亮一
848 院政とは何だったか　岡野友彦
864 京都奇才物語　丘 眞奈美
865 徳川某重大事件　徳川宗英
903 アジアを救った近代日本史講義　渡辺利夫
922 木材・石炭・シェールガス　石井 彰
943 科学者が読み解く日本建国史　中田 力
968 古代史の謎は「海路」で解ける　長野正孝

［思想・哲学］

032 〈対話〉のない社会　中島義道
058 悲鳴をあげる身体　鷲田清一
083 「弱者」とはだれか　小浜逸郎
086 脳死・クローン・遺伝子治療　加藤尚武
223 不幸論　中島義道
468 「人間嫌い」のルール　中島義道
520 世界をつくった八大聖人　一条真也
555 哲学は人生の役に立つのか　木田 元
596 日本を創った思想家たち　鷲田小彌太
614 やっぱり、人はわかりあえない　中島義道／小浜逸郎
658 オッサンになる人、ならない人　富増章成
682 「肩の荷」をおろして生きる　上田紀行
721 人生をやり直すための哲学　小川仁志
733 吉本隆明と柄谷行人　合田正人
785 中村天風と「六然訓」　合田周平
856 現代語訳 西国立志編　サミュエル・スマイルズ［著］／中村正直［訳］／金谷俊一郎［現代語訳］
884 田辺元とハイデガー　合田正人
976 もてるための哲学　小川仁志

[地理・文化]

264 「国民の祝日」の由来がわかる小事典　所　功
332 ほんとうは日本に憧れる中国人　王　敏
465・466 [決定版] 京都の寺社505を歩く(上・下)　山折哲雄/槇野　修
592 日本の曖昧《あいまい》力　呉　善花
635 ハーフはなぜ才能を発揮するのか　山下真弥
639 世界カワイイ革命　櫻井孝昌
650 奈良の寺社150を歩く　山折哲雄/槇野　修
670 発酵食品の魔法の力　小泉武夫/石毛直道[編著]
684 望郷酒場を行く　森　まゆみ
696 サツマイモと日本人　伊藤章治
705 日本はなぜ世界でいちばん人気があるのか　竹田恒泰
744 天空の帝国インカ　山本紀夫
757 江戸東京の寺社609を歩く 下町・東郊編　山折哲雄/槇野　修
758 江戸東京の寺社609を歩く 山の手・西郊編　山折哲雄/槇野　修
765 世界の常識vs日本のことわざ　布施克彦
779 東京はなぜ世界一の都市なのか　鈴木伸子
804 日本人の数え方がわかる小事典　飯倉晴武
845 鎌倉の寺社122を歩く　山折哲雄/槇野　修
877 日本が好きすぎる中国人女子　櫻井孝昌
889 京都早起き案内　麻生圭子
890 反日・愛国の由来　呉　善花
934 世界遺産にされて富士山は泣いている　野口　健
936 山折哲雄の新・四国遍路　山折哲雄
948 新・世界三大料理　神山典士[著]/中村勝宏、山本豊、辻芳樹[監修]
971 中国人はつらいよ――その悲惨と悦楽　大木　康

[文学・芸術]

258 「芸術力」の磨きかた　林　望
343 ドラえもん学　横山泰行
368 ヴァイオリニストの音楽案内　高嶋ちさ子
391 村上春樹の隣には三島由紀夫がいつもいる。　佐藤幹夫
415 本の読み方 スロー・リーディングの実践　平野啓一郎
421 「近代日本文学」の誕生　坪内祐三
497 すべては音楽から生まれる　茂木健一郎
519 團十郎の歌舞伎案内　市川團十郎
578 心と響き合う読書案内　小川洋子
581 ファッションから名画を読む　深井晃子
588 小説の読み方　平野啓一郎
612 身もフタもない日本文学史　清水義範

617 岡本太郎　平野暁臣
623 「モナリザ」の微笑み　布施英利
668 謎解き「アリス物語」　稲木昭子／沖田知子
707 宇宙にとって人間とは何か　小松左京
731 フランス的クラシック生活
ルネ・マルタン［著］／高野麻衣［解説］
781 チャイコフスキーがなぜか好き　亀山郁夫
820 心に訊《き》く音楽、心に効く音楽　高橋幸宏
842 伊熊よし子のおいしい音楽案内　伊熊よし子
843 仲代達矢が語る 日本映画黄金時代　春日太一
905 美　福原義春
913 源静香は野比のび太と結婚するしかなかったのか　中川右介
916 乙女の絵画案内　和田彩花
949 肖像画で読み解くイギリス史　齊藤貴子
951 棒を振る人生　佐渡 裕
959 うるわしき戦後日本
ドナルド・キーン／堤 清二（辻井 喬）［著］

［人生・エッセイ］

263 養老孟司の〈逆さメガネ〉　養老孟司
340 使える！『徒然草』　齋藤 孝
377 上品な人、下品な人　山﨑武也
411 いい人生の生き方　江口克彦
424 日本人が知らない世界の歩き方　曾野綾子
484 人間関係のしきたり　川北義則
500 おとなの叱り方　和田アキ子
507 頭がよくなるユダヤ人ジョーク集　烏賀陽正弘
575 エピソードで読む松下幸之助　ＰＨＰ総合研究所［編著］
585 現役力　工藤公康
600 なぜ宇宙人は地球に来ない？　松尾貴史
604 〈他人力〉を使えない上司はいらない！　河合 薫
653 筋《すじ》を通せば道は開ける　齋藤 孝
657 駅弁と歴史を楽しむ旅　金谷俊一郎
671 晩節を汚さない生き方　鷲田小彌太
699 采配力《さいはいりょく》　川淵三郎
700 プロ弁護士の処世術　矢部正秋
726 最強の中国占星法　東海林秀樹
736 他人と比べずに生きるには　高田明和
742 みっともない老い方　川北義則
763 気にしない技術　香山リカ
772 人に認められなくてもいい　勢古浩爾
811 悩みを「力」に変える100の言葉　植西 聰
814 老いの災厄　鈴木健二
822 あなたのお金はどこに消えた？　本田 健

827 直感力 羽生善治
859 みっともないお金の使い方 川北義則
873 死後のプロデュース 金子稚子
885 年金に頼らない生き方 布施克彦
900 相続はふつうの家庭が一番もめる 曽根恵子
930 新版 親ができるのは「ほんの少しばかり」のこと 山田太一
938 東大卒プロゲーマー ときど
946 残業代がなくなる 海老原嗣生
960 10年たっても色褪せない旅の書き方 轡田隆史
966 オーシャントラウトと塩昆布 和久田哲也

［知的技術］

003 知性の磨きかた 林 望
025 ツキの法則 谷岡一郎
112 大人のための勉強法 和田秀樹
180 伝わる・揺さぶる！ 文章を書く 山田ズーニー
203 上達の法則 岡本浩一
305 頭がいい人、悪い人の話し方 樋口裕一
351 頭がいい人、悪い人の〈言い訳〉術 樋口裕一
390 頭がいい人、悪い人の〈口ぐせ〉 樋口裕一
399 ラクして成果が上がる理系的仕事術 鎌田浩毅
404 「場の空気」が読める人、読めない人 福田 健
438 プロ弁護士の思考術 矢部正秋
573 1分で大切なことを伝える技術 齋藤 孝
605 1分間をムダにしない技術 和田秀樹
626 〝口ベタ〟でもうまく伝わる話し方 永崎一則
646 世界を知る力 寺島実郎
666 自慢がうまい人ほど成功する 樋口裕一
673 本番に強い脳と心のつくり方 苫米地英人
683 飛行機の操縦 坂井優基
717 プロアナウンサーの「伝える技術」 石川 顕
718 必ず覚える！ 1分間アウトプット勉強法 齋藤 孝
728 論理的な伝え方を身につける 内山 力
732 うまく話せなくても生きていく方法 梶原しげる
733 超訳 マキャヴェリの言葉 本郷陽二
747 相手に9割しゃべらせる質問術 おちまさと
749 世界を知る力 日本創生編 寺島実郎
762 人を動かす対話術 岡田尊司
768 東大に合格する記憶術 宮口公寿
805 使える！「孫子の兵法」 齋藤 孝
810 とっさのひと言で心に刺さるコメント術 おちまさと
821 30秒で人を動かす話し方 岩田公雄
835 世界一のサービス 下野隆祥
838 瞬間の記憶力 楠木早紀